汽车维修工快速上岗指南丛书

汽车涂装工快速上岗全程图解

汪立亮　章宏　主编

机械工业出版社
CHINA MACHINE PRESS

针对初学入门者的特点，本书遵照实际操作流程，按照“一图一解”的思路，在参考了大量汽车品牌售后服务培训资料的基础上，讲述了汽车涂装工所需要的基础知识和实际操作步骤，并给出了提示点和拓展知识点。本书紧密结合汽车技术发展方向，对最新技术进行了介绍，非常具有实用性。

图书在版编目（CIP）数据

汽车涂装工快速上岗全程图解/汪立亮，章宏主编. —北京：机械工业出版社，2015.1
（汽车维修工快速上岗指南丛书）
ISBN 978-7-111-48707-4

Ⅰ. ①汽… Ⅱ. ①汪… ②章… Ⅲ. ①汽车－涂漆－图解
Ⅳ. ① U472.44-64

中国版本图书馆 CIP 数据核字 (2014) 第 280021 号

机械工业出版社（北京市百万庄大街 22 号　邮政编码 100037）
责任编辑：何士娟　责任校对：何士娟
责任印制：乔　宇
北京画中画印刷有限公司印刷
2015 年 1 月第 1 版第 1 次印刷
184mm × 260mm · 7 印张 · 165 千字
0 001—4 000 册
标准书号：ISBN 978-7-111-48707-4
定价：36.80 元

凡购本书，如有缺页、倒页、脱页，由本社发行部调换
电话服务　网络服务
社服务中心：(010) 88361066　教材网：http://www.cmpedu.com
销售一部：(010) 68326294　机工官网：http://www.cmpbook.com
销售二部：(010) 88379649　机工官网：http://weibo.com/cmp1952
读者购书热线：(010) 88379203　**封面无防伪标均为盗版**

前　言

汽车工业作为我国的支柱产业，发展日新月异，深入到社会生活的各个领域。随着我国汽车产业的不断发展，汽车售后服务市场也不断扩大，汽车美容涂装等与汽车相关的新兴产业呈现出蓬勃发展之势，成为相对独立的行业和专业；与此同时，新技术的快速发展，使汽车涂装材料和涂装工具设备也发生了较大变化，使汽车涂装工艺、技术不断更新。这对汽车涂装，尤其是汽车车身修复专业人才的培养提出了更高的要求。为此，我们组织编写了《汽车涂装工快速上岗全程图解》。

针对初学入门者的特点，本书避免大量的理论和文字，采用了大量的实施过程图，内容通俗易懂，可以有效增强实际操作能力。本书与其他同类书相比，主要差别在于：

（1）本书在编写过程中，按照工作过程导向及实施流程的思路编写，较好地满足了当前各初学入门者的需求。

（2）本书在编写过程中，在内容的安排上遵照循序渐进的原则，文字和图片在分量上更加均衡，充分增强了培训者学习的主观能动性。

（3）本书在编写过程中，紧密结合汽车技术发展方向，对最新技术进行了介绍。

（4）本教材在编写过程中，参考了大量汽车品牌的售后服务培训资料，内容、形式和体例都有创新，真正实现了与企业需求之间的接轨。

本书结合现代涂装作业的先进理念，并借鉴了企业员工培训的内容，以杜邦施必快高端油漆品牌及宝马涂装维修工艺为主线展开介绍，书中内容既适合职业学校教学使用，又适合企业员工技术培训，还可用做车辆评估员、接车员学习使用。其内容与实际结合紧密，并紧跟市场发展，适用面广，通俗易懂。书中主要介绍了汽车涂装作业的规范流程及技术要求，其中包括健康与安全、油漆基础知识、涂装工具与设备、常规涂装工艺、抛光打蜡、调色技术和驳口工艺七部分内容。

本书由汪立亮、章宏主编，徐峰、姚东伟、刘兴武、杨光明、皮治国、戴胡斌、张志刚等人参加了编写。本书可作为职业学校汽车专业教学用书，也可供汽车估损人员、汽车维修企业接车人员、管理人员学习参考。

编　者

目录

第一章 健康与安全

第一节 个人安全防护

知识链接

在汽车喷涂的整个过程中，会产生许多影响人体健康的不利因素，如涂装使用的除锈剂、除油剂、除漆剂、喷砂尘雾、打磨粉尘、涂料溶剂、稀释剂、固化剂或各种添加剂等，有的具有较强的腐蚀性，有的则会产生有害气体或粉尘，直接侵害涂装操作人员的身体健康或对自然环境造成污染。这就要求做好卫生与防护工作，改善工作条件，避免有害物质危害职工的身体健康，防止出现职业病。本节主要介绍涂料的毒性对人体的影响、安全防护措施及在涂装施工过程中如何采取合理的安全防护措施。

涂装作业中的溶剂

个人安全防护注意事项

涂料的毒性

涂料的毒性主要是由所含的溶剂、颜料和部分基料等有毒物质造成的。有机溶剂一般都具有溶脂性（对油脂具有良好的溶解作用）。所以当溶剂进入人体后能迅速与含脂肪类的物质作用，特别是对神经组织产生麻醉作用，产生行动和语言的障碍，造成失神状态。有机溶剂对神经系统的毒性是共性，但因化学结构不同，各种有机溶剂还有它的个性，毒性也不一样。按照溶剂的毒性不同，国外分为 7 个等级，见右表。使用涂料时应向生产厂家了解溶剂的主要成分，以确定应采取的防护措施。

在调漆、喷漆和清洗喷枪作业时，油漆中可能含有有机溶剂、异氰酸酯，合成树脂漆雾中可能含有铅、铬、镉等重金属；在混合及刮涂原子灰时，除有机溶剂外还有苯乙烯及过氧化物；在进行打磨操作时，如打磨原子灰、底漆、中涂漆、旧漆层等，会有粉尘及金属颗粒。这些物质会对呼吸道、皮肤、肾脏等产生伤害，若人吸入体内易引起急性或慢性中毒。有些基料的毒性也较大，如聚氨酯涂料中含有异氰酸酯，能使呼吸系统过敏，环氧树脂涂料中含有的有机胺固化剂及煤焦油沥青均可能引起皮炎。因此，在喷涂这些有毒涂料时，必须采取预防措施，严防人吸入或与人体直接接触。

有机溶剂毒性分级

毒性级别	所属溶剂名称
Ⅰ/a 级	苯、二硫化碳、四氯乙烷、四氯化碳
Ⅰ/b 级	三氯乙烷、苯酚、苯甲酚、异氟尔酮
Ⅰ/c 级	甲醇、异丙叉丙酮
Ⅱ/a 级	三氯甲烷、硝基丙烷、二氯乙烷
Ⅱ/b 级	四氢萘、三氯乙烯、四氯乙烯、1，4—二氧六环、乙二醇甲醚、异丁醚、丁醚
Ⅱ/c 级	甲苯、二甲苯、苯乙烯、2—甲基苯乙烯、三甲苯、乙苯、丙苯、1，1，1—三氯乙烷、乙二醇乙醚、松节油
Ⅱ/d 级	二氯甲烷、丁醇、乙二醇、混合戊醇、4—甲基戊醇、环乙酮、甲基环乙醇、乙二醇乙醚醋酸酯、乙二醇丁醚、四氢呋喃、醋酸酯

安全防护措施（为保障操作人员的身体健康，涂装车间应有切实的卫生安全措施，并经常对操作人员进行卫生教育和培训，使操作人员具有必要的卫生安全知识，这同时也是涂装质量获得保证的必要措施。）

1. 呼吸系统的安全与保护

磨料的粉尘、腐蚀性溶液、溶剂蒸发的气体、喷漆时的漆雾都会给呼吸系统带来危害。即使在通风良好的环境下，操作者仍需要佩戴呼吸保护器。呼吸保护器有三种：通风帽式（供气式）呼吸保护器、窗式过滤呼吸保护器和防尘呼吸保护器。

（1）供气式呼吸保护器

这是一种可以防护吸入异氰酸酯蒸气和喷雾引起过敏的装置。供气式呼吸保护器由一台小型无油空气泵来供给帽盔式呼吸保护器的空气。该气泵的空气入口必须置于空气清洁、远离喷漆的地区。

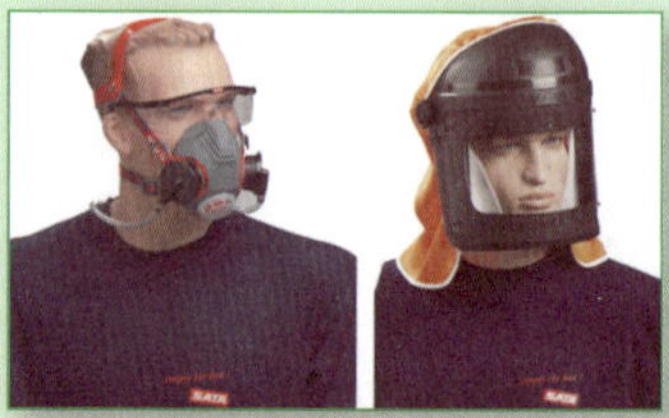

半面供气式面罩（左）全面供气式面罩（右）

（2）滤筒式呼吸保护器

对于喷涂磁漆、硝基漆以及不含异氰酸酯固化剂的油漆时，可以佩戴滤筒式呼吸保护器。这种保护器由一个适应人的脸型并具有密封作用的橡皮面具构成。它包括可拆卸的前置过滤器和滤筒，可以滤去空气中的溶剂或喷雾。呼吸器还有进气阀门和排气阀门，以保证呼吸顺畅。

滤筒式过滤器的维护主要是保持清洁，定期更换过滤器和滤筒。当出现呼吸困难时应更换前置过滤器；每周更换一次滤筒；定期检查面罩，以保持良好密封性能。

滤筒式呼吸保护器

（3）防尘呼吸保护器

此类保护器可以防止打磨灰尘被吸入，仅在打磨作业时佩戴。喷漆时，不能用它代替前两种保护器使用。

防尘呼吸保护器

2. 人体其他部位的保护

（1）头部的保护

将长发扎起来，始终要戴安全帽才能从事喷漆或其他修理作业。

（2）眼睛和脸部的保护

工厂各处均有飞扬的灰尘和碎屑，可能会伤及眼睛。操作磨轮、气凿和在车底下工作时都要戴防尘镜、护目镜或防护面具。

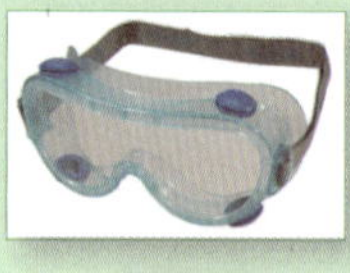

防尘镜

护目镜

防护面具

各式防护用具

（3）耳朵的保护

敲打钢板时所发出的噪声，对人们的听觉有不利的影响，重者会损伤耳膜，因此应戴耳塞。

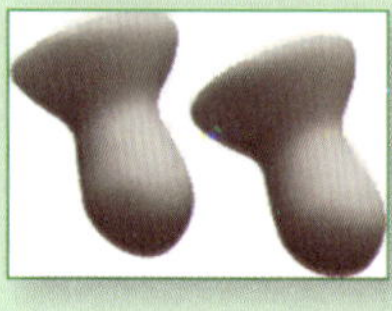

各式耳塞

安全防护措施	（4）手的保护 为防止溶液、底漆及外层涂料对手的伤害，应配戴安全手套进行操作。洗手时选用适合的清洁剂，千万不能用稀料洗手。	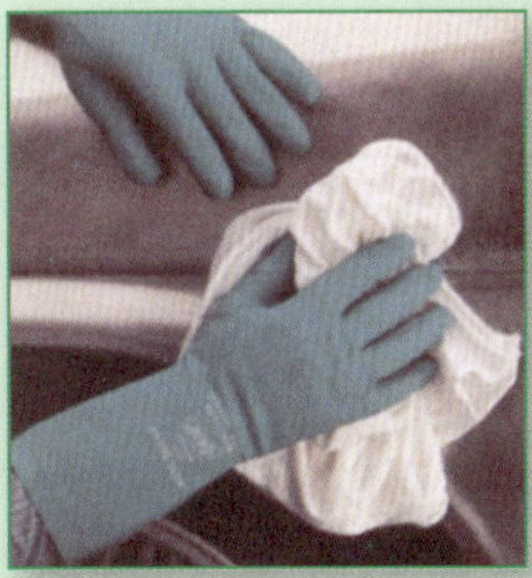 安全手套
	（5）脚的保护 在喷漆作业时，应穿带有金属脚尖衬垫及防滑的安全工作鞋。金属脚尖衬垫可以保护脚趾不被落下的物体砸伤。 （6）身体的保护 在维修作业时应按规定穿着工作服。在喷漆场地应穿清洁的修车工作服，此类工作服面料不起毛，不会影响漆面质量。脏的、被溶剂浸过的衣服会积存一些化学物质，会对皮肤产生影响，未经允许不要穿上。工作服的上衣应是长袖的。工作裤要有足够的长度，能盖到鞋头为好。	 工作服

第二节 车间布置

知识链接

在着手布局设计车间之前，应掌握一些基本资料，如预计车辆的年修补量、修理工作的大小、员工的数量、可使用的地皮大小、资金预算，以及当地法规对用地、环境及排放等的规定。

车间布置步骤

全新修理厂的车间布局设计	业务量和人员的分配	可通过专业调查公司对修理厂的修理量、用户忠诚度等专业数据进行估算。
	工作区	一般按照标准工作区域和辅助工作区域进行划分。标准工作区主要对常规修复开放，小钣喷维修时可利用辅助工作区实施维修，以节省空间和等待时间。在维修车间设立工位标牌，避免车辆来维修时出现混乱、占用工位等现象。
	设备	修理厂必须考虑重要的设备及其摆放位置。 喷涂准备区包括打磨区，现代化修理厂一定要创造无尘区域。为减少灰尘，地板一般采用格栅式，而所有的干磨设备一定要和吸尘系统连接。红外设备一般用于原子灰的干燥，因此可以放置在准备区，若将红外设备固定在顶部轨道上，则可以在多个区域同时使用。若条件允许，准备区最好临近喷涂区域。

重新规划现行修理车间布局和扩建

重新规划现行修理车间布局的限制非常多，但所遵循的基本原则和建立一个新的修理车间一致。在重新规划时，有时只要进行局部调整即可收到非常好的效果，例如在地板上做好间隔的标志，规定在修理过程中车辆不许占用通道，就可以节约可观的车辆移动时间。修理车间的扩建与重新规划相比，在空间上的限制较小，但可能在时间上的限制较多。

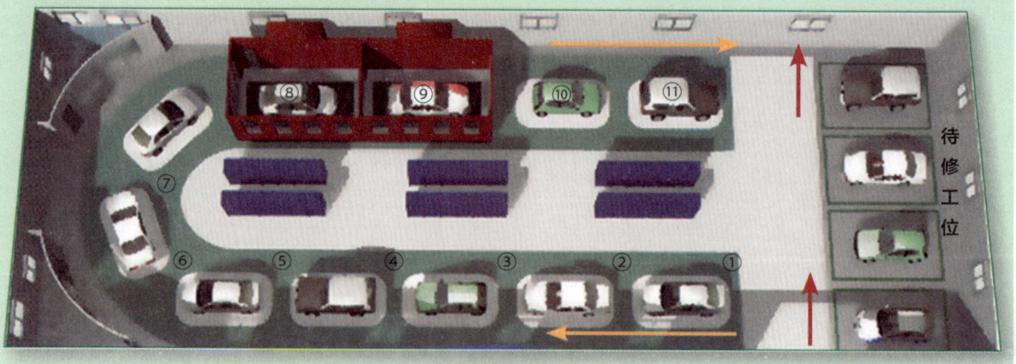

车间布局示意图

① 拆件工位 ② 钣金工位 ③ 腻子工位 ④ 打磨工位 ⑤ 中涂工位 ⑥ 打磨工位 ⑦ 遮蔽工位 ⑧ 面漆工位 ⑨ 干燥工位 ⑩ 抛光工位 ⑪ 组装工位

重新规划现行修理车间布局和扩建

烤房是修理厂最贵重的设备之一，烤房的数量由设计修理的数量决定。使用烤房时要考虑是所有的底漆和面漆喷涂都使用烤房还是仅喷面漆时使用烤房。喷涂面漆是修理的最终步骤，因此烤房最好放置在靠近出口的位置而且靠近喷涂准备区域，可以是对面也可以是相邻。若条件允许，可以考虑专门设置零配件烤房，来喷涂零配件及保险杠等。

规范的车间布置

第三节　环境保护

知识链接

涂料对环境的污染有两个方面：一是在制造过程中产生的“三废”，即废气、废水、废料；二是在涂装、施工等应用过程中，有机溶剂挥发到大气中造成二次污染。据报道，每年向大气排放的2000万吨碳氢化合物中，约有350万吨（占37.5%）有机溶剂来自于涂料。这些碳氢化合物与氧化亚氮（一氧化氮）发生反应，还会形成影响人体健康的光化学烟雾。

对汽车修理厂所使用的涂料对环境的影响有了正确的认识后，应该针对各种情况采取相应的措施保护环境。

有机物、废气、废弃物的处理

对有机物排放的环保措施

欧洲和北美国家都制定了严格限制挥发性有机化合物（VOC）排放的环境保护法。欧美国家的许多知名公司也积极采取了各种措施，从20世纪80年代起，美国通用汽车公司就开始采用生物化学方法解决喷涂车间的空气污染问题，用水吸附喷涂车间产生的飞漆和废气中的有机溶剂，吸附水经过过滤，分离出漆渣，再把吸附水导入特种细菌培养砂槽内，水中的混合溶剂就被细菌“吃掉”一部分，从而降低了空气中的溶剂量，减少了空气污染。21世纪初，世界上最大的汽车涂料供应商PPG公司开发出更安全及环保的电泳底漆，用金属钇替代涂料中的重金属铅，一年可减少约100万kg铅的使用量，从而获得2001年度美国环境保护署颁发的绿色化学挑战奖。目前，在汽车维修行业常采取以下措施来降低VOC的排放。

① 可以通过选择固体含量高的涂料及水性涂料来降低涂料中有机溶剂的使用。这是世界发达国家的潮流，也必将对中国的汽车维修行业带来重大影响。

② 通过对喷涂设备的选择来降低涂料的浪费。如HVLP（高流低压）喷枪的使用可以提高涂料的使用率而达到降低VOC的目的，如德国ABA公司采用不同喷涂技术来保护环境，节省费用。

③ 采用HVLP喷枪可以大大降低溶剂散失，即降低VOC，同时经济效益也很可观。但是我国修理厂为什么没有普遍使用HVLP喷枪，原因有以下几点：价格比较高；汽车修理厂的空气压缩系统供气量不足，或者压力不稳定；会提高空气消耗量，增加设备运行的成本；喷涂方式不同，涂装人员一时难以适应。使用HVLP喷枪时，喷涂速度比传统喷枪速度慢5%～10%，离工件距离是13～17cm，而传统喷枪的距离是18～23cm。由于一些喷涂工使用HVLP喷枪时仍旧按照传统喷枪工艺操作，达不到好的效果，阻碍了HVLP喷枪的推广。

④ 无气喷涂和静电喷涂能更好地降低VOC，但是目前在一般轿车修理厂还不可能应用，在大客车或货车修理工厂可以采用。

静电喷涂

无气喷涂

<table>
<tr>
<td rowspan="4">对废气的处理
（常见的废气处理方法有活性炭吸附法、催化燃法、液体吸附法和直接燃烧法等。）</td>
<td>活性炭吸附法</td>
<td>活性炭可作为物理吸附剂，使有机物吸附在其表面，净化废气。具有吸附能力的物质还有氧化硅、氧化铝等，但活性炭应用最广泛。将活性炭装入容器内，废气从一端进入容器，通过活性炭吸附后从容器的另一端排出净化后的空气。使用过的活性炭可以再生，方法有蒸汽脱附，即将水蒸气通入活性炭层中干燥后再使用，还可以用减压脱附、高温燃烧脱附等。当然脱附介质还要经过处理，才可以排放。还有一种方法，就是把使用过的活性炭直接燃烧掉，更换新的活性炭。此法最为简便，但成本较高。</td>
</tr>
<tr>
<td>催化燃烧法</td>
<td>这种方法是利用催化剂使废气中的可燃物质在较低温度下氧化分解成二氧化碳和水，使废气净化。催化燃烧过程：废气进入预热室升温至起燃温度的 50%左右，然后通过催化剂层进行催化燃烧，即实现废气净化。起燃温度是催化剂的重要活性指标，与废气类别、浓度有关。如果用铂和钯作为催化剂，则甲醇气体在 100℃左右开始燃烧，酯类、酮类、其他醇类和碳氢化合物等在 200℃开始燃烧，在 300℃以上时，几乎所有的有机溶剂气体都能完全燃烧。</td>
</tr>
<tr>
<td>液体吸附法</td>
<td>这种方法是用吸收液吸收废气中的有机溶剂使废气净化。溶剂分为溶于水、微溶于水和不溶于水的。溶于水的有甲醇、丙酮、丁醇等；微溶于水的有乙酸乙酯、乙酸丁酯等；不溶于水的有苯、甲苯、二甲苯等。涂装作业废气中含甲苯、二甲苯最多，可以用柴油或机油等洗涤吸收。洗涤吸收装置一般做成塔式，常用的有填料塔、喷淋塔和斜孔塔三种。</td>
</tr>
<tr>
<td colspan="2">漆雾性气体净化塔属两相逆向流填料吸收塔（下图）。废气从废气处理塔体下方进气口沿切向进入净化塔，在通风机的作用下迅速充满进气段空间，然后均匀地通过均流段上升到第一级填料吸收段。在填料的表面上，气相中酸性（或碱性）物质与液相中碱性（或酸性）物质发生化学反应，反应生成物质 [多为可溶性酸（碱）类] 随吸收液流入下部储液槽。未完全吸收的酸性（或碱性）气体继续上升进入第一级喷淋段。在喷淋段中吸收液从均布的喷嘴高速喷出，形成无数细小雾滴，与气体充分混合接触，继续发生化学反应，然后酸性（碱性）气体上升到二级填料段、喷淋段进行与第一级类似的吸收过程。第二级与第一级喷嘴密度不同，喷液压力不同，吸收酸性（碱性）气体浓度范围也有所不同。在喷淋段及填料段两相接触的过程也是传热与传质的过程。通过控制空塔流速与滞留时间，可以保证这一过程的充分与稳定。废气处理塔体的最上部是除雾段，气体中所夹的吸收液雾滴在这里被清除下来，经过处理后的洁净空气从废气净化塔上端排气管排入大气。

漆雾性气体净化塔</td>
</tr>
</table>

对废气的处理	直接燃烧法	直接燃烧法是将含有有机溶剂气体的混合气直接燃烧生成水和二氧化碳，放出的热量还可用于涂膜干燥，是一种经济简便的废气处理方法。下图所示为有机废气直燃式净化装置。 有机废气直燃式净化装置原理：把有机废气加热升温至750～850℃，使有机化合物高温氧化，分解成无害的二氧化碳和水等，从而使废气净化。  有机废气直燃式净化装置

对废弃物的处理（汽车修补涂装产生的废弃物）

①废涂料，仍呈液态状，其组成和性能与原涂料无太大差别，如各种颜色混合、弄脏或变质的涂料	②废溶剂，它是洗净设备和容器等的洗净溶剂，仅含少量的油、树脂和颜料等	③废渣，呈固态或半固态状，如腻子、已胶凝的涂料、喷漆房的废漆渣、刷落的旧漆膜等	④废的涂料桶和溶剂罐、废抹布、手套等，以及修补涂装遮盖用的废纸、胶带等

以上这些废弃物如果不进行适当的处理，随意丢弃，就会对自然环境造成一定的危害。根据我国有关法律规定，废油漆的处理是禁止深埋和投入海洋的，必须进行焚烧处理。焚烧处理必须注意以下几点：

（1）焚烧时可能产生有害气体，如氯化橡胶涂料、聚氯乙烯树脂涂料、含氟树脂涂料等，在焚烧时产生氯化氢和氟化氢气体。这些气体会污染空气，不能在野外焚烧，必须在炉内焚烧。但氯化氢和氟化氢气体对炉体又有侵蚀作用，因此炉的结构材料和燃烧气体的水洗等必须选用由钛等耐腐蚀性强的材料组成。焚烧炉内设置有害气体吸收装置。

（2）焚烧后的灰分是否含有害物质，因其涉及灰分的处理方法。在涂料成分中残留的灰分主要是颜料，所以含有铅、铬化合物颜料的涂料焚烧时，必须进行必要的有害物质分析检查。含有这些有害物质的废弃物应单独焚烧，以便从不含有害物质的焚烧灰分中分离出来，进行最终处理。焚烧时产生的废气中含有微粉尘，对大气有污染，必须设置静电除尘装置或抽引式洗涤器。

（3）焚烧时要注意个人卫生安全，穿戴好各种防护用具，尤其不要灼伤自己，做好防火安全准备工作，避免事故的发生。

（4）注意焚烧炉内的燃烧状况、炉内温度、废弃物投入炉内的均一性，否则由于异常燃烧会产生恶臭和黑烟，甚至发生爆炸事故。

焚烧后产生的灰分，如果不含有有害物质，可以直接深埋处理；如果含有害物质，应符合含有害物质污泥标准。

无害化处理有混凝土固化、塑料固化、沥青固化等方法。试验表明，任何一种方法溶出试验都合格。加工成砖块等有效利用，将成为经济的无害化处理最有效的方法之一。

第四节 紧急情况处理

<table>
<tr><th colspan="3">紧急情况处理及安全防火技术</th></tr>
<tr><td>涂装工具与设备的安全使用</td><td colspan="2">涂装车间常用的工具设备主要是电动工具、气动工具和一些大型设备等。正确使用涂装工具和设备是安全生产的根本保证。使用涂装工具和设备基本的安全注意事项如下：
①手动工具要保持清洁和完好。应经常清洁工具，检查它们是否有破损，以免使用时发生机械事故，伤及人身。
②使用锐利或有尖角的工具时应当小心，以免不慎划伤本人或划伤汽车表面。
③使用电动工具之前应检查是否接地，检查导线的绝缘是否良好。操作时，应注意绝缘。不能使用无保护装置的电动设备。
④电动工具的电路开关处于断开位置后，才允许接通电源。电动工具使用完毕，应切断电路，拔下电源插头。
⑤必须让电动工具停止转动后，才能清理电动工具在工作时所产生的切屑或碎片，切勿在转动过程中用手或刷子去清理。
⑥用气动或电动工具从事打磨、修整或类似作业时，必须戴安全镜。
⑦气动工具必须在规定的压力下工作。当喷嘴处于末端时，用以吹除灰尘的压缩空气的压力应保持在 200kPa 以下。
⑧只有经过训练的工人才能在涂装岗位上进行作业。</td></tr>
<tr><td rowspan="3">安全操作规程</td><td colspan="2">安全操作规程是在生产过程中保证工作人员作业安全和工具设备使用安全的规定。汽车涂装大多在充满溶剂气体的环境中作业，不安全因素较多。为了保证生产安全，操作者必须熟知汽车涂装的作业特点及工具设备的合理操作方法。</td></tr>
<tr><td>1. 涂装人员安全操作规程</td><td>①操作前根据作业要求，穿好三紧或连裤工作服和鞋子，戴好工作帽、口罩、手套、鞋罩和防毒面具。
②操作场所应通风良好。
③在用钢丝刷、锉刀、气动或电动工具进行表面处理时，需戴防护眼镜，以免眼睛受伤；粉尘较多时应戴防护口罩，以防呼吸道感染。
④用碱液清除旧漆膜时，必须戴乳胶手套、防护眼镜，并穿戴涂胶围裙和鞋罩。
⑤剩余涂料和稀释剂等应妥善保管，以防挥发。
⑥登高作业时，凳子要放置平稳，注意力要集中，严禁说笑打闹。
⑦喷涂结束后，将设备工具清理干净并妥善保管，操作现场应保持清洁，用过的残漆、废纸及废砂纸等要放置到垃圾箱内。</td></tr>
<tr><td>2. 空气压缩机安全操作规程</td><td>①空气压缩机应设专人使用和管理。
②使用前认真检查空气压缩机、电动机及其控制装置，开动后应试转片刻，一切正常后方能投入使用。
③空压机要按规定程序起动，起动后要认真检查其运转状况并观察气压表读数，发现异常应及时排除。
④在工作中禁止工作人员与其他人员闲谈或随意离开机房，以防发生事故。
⑤非专管人员不得随意开动机器。</td></tr>
</table>

安全操作规程	3. 电动、气动工具安全操作规程	①检查各部件外部安装是否牢固、紧固连接是否可靠、电缆及插头有无损坏、开关是否灵活等。 ②尽量使用 220V 电源，必须用 380V 电源时，应确保地线连接可靠。 ③使用前应检查所用电压是否符合铭牌规定。 ④接通电源空运转，检查有无异响。 ⑤使用中发现异常现象（如火花、异响、过热、冒烟或转速过低等）应立即停止使用，并由专业维修人员进行检修（不得擅自拆卸）。 ⑥电动、气动工具应及时维护，以确保其清洁及可靠润滑。 ⑦电气设备与元件应存放在干燥处，以防受潮与锈蚀。 ⑧使用气动工具时，应防止连接不牢而造成空气损失和人身事故。 ⑨工具必须在关闭并完全停稳后才能放下，转动着的工具不得随处放置。 ⑩使用砂轮时，身体要避开其旋转的方向，工件要轻轻接触砂轮，以防止事故的发生。
	4. 用电安全操作规程	①涂装车间照明设备应做防爆处理，工作灯必须使用 36V 的安全电压。 ②室内开关应为防爆开关，操纵要灵活轻便。  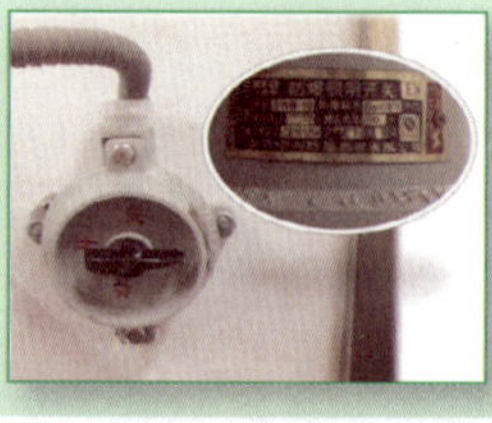 ③大功率电器插座应为防爆插座。 ④空调开关、普通开关、配电箱应安装在操作间外。 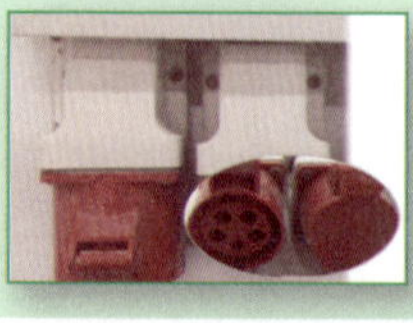 
	5. 喷漆烘漆房安全操作规程	①喷漆房内不得进行喷涂以外的作业。 ②按说明书规定使用和保养喷漆、烘漆房，并由专人管理。 ③定期更换过滤材料。 ④定期清除风道内的漆尘及脏物。 ⑤进行喷漆时应先开动风机。
安全防火技术	汽车修补涂装作业的火灾危险性大小与所使用的涂料种类、用量、涂装场所的条件等有关。爆炸和火灾事故的发生会造成生命财产的严重损失，影响生产的正常进行。从事涂装的单位和个人必须高度重视防火安全。	
	1. 涂装产生火灾和爆炸事故的外因	① 气体爆炸。由于喷涂车间或喷漆烤漆房空间太小，加之换气不良，充满溶剂蒸气，在达到爆炸极限时遇明火（火星或火花）就爆炸。 ② 电气设备选用不当或损坏后未及时维修。照明工具、电动机、开关及配线等在危险场合使用，在结构上防爆考虑不充分，有产生火花的危险。 ③ 废漆（或溶剂）、漆雾沫、废遮盖物、被涂料和溶剂污染的废抹布等保管不善，堆积在一起产生自燃。 ④ 不遵守防火规则，防火安全意识淡薄，在涂装现场使用明火或抽烟。
	2. 易燃性溶剂的危害	火灾危险性随溶剂的种类和溶剂在涂料中含量的不同而异。衡量溶剂的爆炸危险性和易燃性可以从闪点、自燃点、蒸气密度、爆炸范围、挥发性、扩散性和沸点等溶剂特性来判断。

安全防火技术	2. 易燃性溶剂的危害	① **闪点**：可燃性液体蒸气与空气形成可燃性混合气体，遇明火而引起闪电式燃烧，这种现象称为闪燃，引起闪燃的最低温度称为闪点。在闪点以上，可燃性液体就易着火。闪点在常温以下的液态物质，具有非常大的火灾危险性。 根据闪点，可区分涂料和溶剂的火灾危险性等级，一般划分为以下 3 个等级： 一级火灾危险品：闪点在 21℃以下，极易着火。 二级火灾危险品：闪点在 21 ～ 70℃之间，一般。 三级火灾危险品：闪点在 70℃以上，难着火。 ② **自燃点**：不需借助火源，仅达到自发着火燃烧的最低温度即自行燃烧的温度称为自燃点，它较闪点高得多。 ③ **蒸气密度**：易燃性溶剂的蒸气一般都比空气重，有积聚在地面或低处的倾向。因此，换气口必须设置在接近地面处。 ④ **爆炸范围**：由可燃性气体或蒸气与空气混合形成爆炸性混合气体，点火即爆炸。可燃性气体、蒸气的种类不同，这种混合气体的成分比例也不同。产生爆炸的最低浓度（用体积百分比表示）称为爆炸下限，最高浓度称为爆炸上限。在上限和下限之间都能产生爆炸，爆炸范围越宽，爆炸下限越低，危险性越大。为确保安全，易燃气体和蒸气的浓度控制在下限浓度的 25% 以下。 除上述特性外，在考虑危险性时还须注意挥发性、扩散性和沸点。
	3. 粉尘爆炸	有些颜料（如铝粉、有机颜料）、干漆雾粉尘和各种粉末涂料等属于易燃性粉末。当这些粉末在空气中形成一定浓度时，遇上明火就会产生爆炸和火灾。粉末颗粒互相摩擦或与其他表面摩擦会产生静电荷，在一定条件下积聚的电荷放电也会引起粉末着火或爆炸。 通常粉末涂料中的粉末爆炸下限浓度为 $50g/m^3$，环氧树脂型粉末涂料的爆炸下限浓度为 $30g/m^3$，聚乙烯粉末为 $25g/m^3$，且粉末的粒度越细，粉尘爆炸下限浓度越低。因此，无论在调配粉末状涂料，还是在涂装过程中，都要严格控制工艺规程和操作方法，避免粉末的摩擦，防止高温、火花、明火、静电积聚及放电，以免引起爆炸事故。
	4. 防火安全措施	汽车修补涂装时，一般采取下列防火措施： ① 汽车修补涂装车间属于火灾危险区，应采取相应的消防措施，一般应布置在厂房的一侧，并用防火墙与其他车间隔开。 ② 汽车修补涂装车间的所有构件都应尽量采用防火性能好的材料。 ③ 所有的电气设备和开关都应有防爆装置，电源应设置在防火区以外。 ④ 涂装车间的所有金属设备都应接地可靠，防止静电积聚和放电。 ⑤ 涂装车间内严禁烟火，不许带火柴、打火机等火种进入车间。 ⑥ 涂料应储存在远离工作区的地方，工作区最多保留一天的用量。 ⑦ 擦过溶剂和涂料的棉纱、破布等应放在专用的带盖铁箱中，并应及时处理掉。 ⑧ 严禁向下水道倾倒易燃溶剂和涂料。 ⑨ 在涂装过程中应尽量避免敲打、碰撞、冲击、摩擦等动作，以免发生火花或静电放电而引起着火燃烧。 ⑩ 喷漆应在专门的喷漆房内进行，喷漆房、烘干室等应符合防火安全技术要求。
	5. 汽车涂装车间的灭火方法	灭火的方法有多种多样，但其基本原则是以下三个方面。 ① 移去或隔离火源，使之熄灭。 ② 隔绝空气（即切断氧气）使之窒息，比如将二氧化碳气体直接喷射到燃烧物体上。 ③ 用冷却法使被燃烧物体的温度降低到着火点以下。

安全防火技术

涂装修补车间的技工都应熟知防火安全技术知识、火灾类型及灭火方法，会使用各种消防工具，一旦发生火灾，尤其是在电器附近着火，应立即切断电源，以防火势蔓延和产生电击事故。当工作服上着火时切勿惊慌失措，应就地打滚将火熄灭。

常用的灭火器类型及适用范围

灭火器类型	药液化学成分	适用灭火类型
酸碱式	硫酸、碳酸氢钠	适用于非油类及电器起火
泡沫式	硫酸铝、碳酸氢钠	适用于液体溶剂、涂料类失火
高倍数泡沫	脂肪醇、硫酸钠加稳定剂、抗燃烧剂	适用于火源集中的火灾
二氧化碳	液态二氧化碳	适用于电气失火
干粉灭火	碳酸氢钠等盐类，并加有适量润滑剂和防潮剂	适用于扑救涂料类、可燃气体和遇水燃烧等物品的初期起火
四氯化碳	液态四氯化碳	适用于电气失火
1211	CF_2ClBr	适用于油类、有机溶剂、高压电气设备、精密仪器等

常见火灾类型及灭火方法

燃烧物	火灾初起时的灭火方法	原理
有机纤维类普通燃烧材料（如擦漆用的废纱头和破布之类）	用黄沙扑火 用水或酸碱泡沫灭火器扑火	起冷却降温、隔离空气的作用
有机溶剂、涂料类不溶于水的燃烧性液体（如稀释剂、清油、清漆、色漆之类）	用二氧化碳灭火器扑火 用泡沫灭火器和石棉毯压盖	隔绝空气
有机溶剂（如醇和醚类可溶于水的燃烧性液体、酒精、丁醇、丁醚等）	用水扑灭	冲淡溶液而灭火，或将容器盖严而隔绝空气
在电气设备、仪器上或附近燃烧（如空气压缩机、静电设备等仪器仪表）	用四氯化碳或二氧化碳灭火器扑火	蒸气比空气重，可在物体上形成隔绝空气的气体及冲淡氧气作用，但只能用于通风之处，因其蒸气有毒

	灭火器的使用方法	
	步骤、作业内容及技术要求	图 解
安全防火技术	1. 把灭火器手柄上的保险销拔出 温馨提示 拔出保险销之前灭火器口段不可以对着人	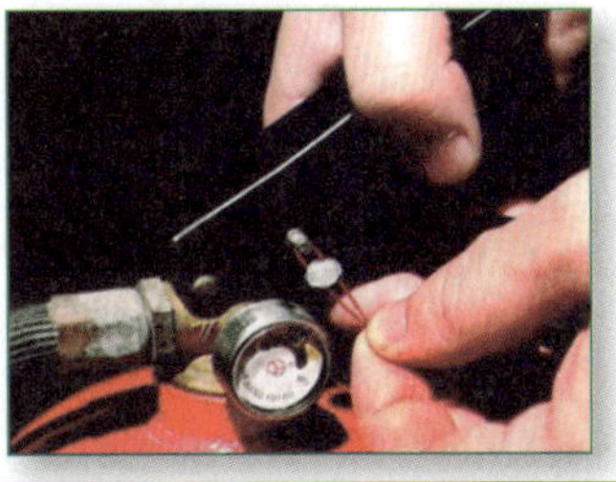
	2. 灭火器的喷嘴对准火焰的底部 温馨提示 灭火器距离火焰底部大约 3m 左右，不可以靠得太近或太远	
	3. 用力压下灭火器的手柄，灭火剂喷射而出；松开手柄，灭火器就停止喷射。 温馨提示 右手压下灭火器手柄时，左手应如图握住输送管道，防止误伤自己	
	4. 移动喷嘴前后吹扫火焰的底部。 温馨提示 灭火时不可逆风灭火	
	5. 火焰扑灭后，清理现场。 温馨提示 火焰扑灭后不要靠近，应仔细观察，因为火焰可能复燃	

第二章 油漆基础知识

第一节 认识油漆

知识链接

<table>
<tr><th colspan="4">油漆的作用、组成、分类与命名</th></tr>
<tr><td rowspan="5">油漆的作用</td><td colspan="3">汽车在运行中受到各种环境的影响，如风吹、雨淋、盐碱侵蚀、冷热变化或因事故造成破损等，会使涂层表面发生开裂、粉化、变色、脱落等，需要进行修补或在新表面上喷涂。同时，油漆还可以起到下述作用：</td></tr>
<tr><td>（1）保护钢板。</td><td>汽车车体的材质大部分是钢板，而钢板与空气中的氧气和水汽结合会氧化而导致锈的产生，所以涂装是保护车体最大的目的。</td><td></td></tr>
<tr><td>（2）美观。</td><td>车身钢板的角度很多，有直角、平面、弧角等，如果将其表层施以颜色，就会展现出立体及色彩美感。</td><td></td></tr>
<tr><td>（3）提高档次。</td><td>两部同款式的轿车会因为涂装色彩的差异，而使其价值不同。</td><td></td></tr>
<tr><td>（4）识别车的用途。</td><td>特殊的喷涂可用于救护车、巡逻车、出租车等，也可以让自己的爱车个性化。</td><td></td></tr>
<tr><td rowspan="2">油漆的组成</td><td colspan="3">油漆是一种能牢固覆盖在物体表面，起保护、装饰、标识和用于其他特殊用途的化学混合物涂料。中国涂料界比较权威的《涂料工艺》一书是这样定义的：“涂料是一种材料，这种材料可以用不同的施工工艺涂覆在物件表面，形成粘附牢固、具有一定强度、连续的固态薄膜。这样形成的膜通称涂膜，又称漆膜或涂层。”
现代汽车涂料大多为树脂涂料，其基本构成可以归纳为树脂、颜料、溶剂及添加剂四大部分。</td></tr>
<tr><td>1. 树脂</td><td colspan="2">树脂是涂料最基本的组成物质，外观呈透明状，是非结晶型半固态或固态有机化合物。树脂分子量一般较高，多数可溶于有机溶剂（如醇、酯、酮等），而难溶于水或不溶于水。将树脂与有机溶剂制成的溶液涂在物体表面，待溶剂挥发后能形成一层连续的固体薄膜。树脂决定着涂膜的表面性能（丰满度、光泽等），耐候性能（硬度、附着力、耐水、耐起泡等）和施工性能（主要指干燥特性）。树脂是涂料的主要成膜物质，对涂料的性能起着决定性的作用。因此，树脂的种类常被用于定义涂料的种类，如以丙烯酸树脂为基料的涂料被称为丙烯酸涂料。</td></tr>
</table>

油漆的组成

1. 树脂

根据其来源，树脂可分为天然树脂和合成树脂。**天然树脂**一般是从动物和植物中提炼出来，如虫胶、松脂等，使用比较方便，但选择性较少且耐候性较差；**合成树脂**主要是由炼油工业提炼出来的，又分为热塑性树脂和热固性树脂。

热塑性树脂是可还原树脂，在高温时软化及容易被溶剂溶解，如硝基纤维树脂。热固性树脂是不可还原树脂，高温时产生化学反应，冷却后树脂不会再受热软化，硬度好、耐溶剂性强，如丙烯酸树脂。

序号	树脂类别	主要成膜物质
1	油脂	天然植物油、鱼油、合成油等
2	天然树脂	松香及其衍生物、虫胶、乳酪素、动物胶等
3	酚醛树脂	酚醛树脂、改性酚醛树脂、二甲苯树脂等
4	沥青	天然沥青、煤焦沥青、硬质酸沥青、石油沥青
5	醇酸树脂	甘油醇树脂、季戊四醇及其他醇类的醇酸树脂等
6	氨基树脂	脲醛树脂、三聚氰胺甲醛树脂
7	硝基纤维树脂	硝基纤维素、改性硝基纤维素
8	纤维酯、纤维醚	乙酸纤维、苄基纤维、乙基纤维、乙酸丁酸纤维等
9	过氯乙烯树脂	过氯乙烯树脂、改性过氯乙烯树脂
10	烯类树脂	含烯类聚合物树脂、含氟树脂、石油树脂等
11	丙烯酸树脂	丙烯酸树脂、丙烯酸共聚树脂及其改性树脂
12	聚酯树脂	饱和聚酯树脂、不饱和聚酯树脂
13	环氧树脂	环氧树脂、改性环氧树脂
14	聚氨基甲酸酯	聚氨基甲酸酯
15	元素有机聚合物	有机硅、有机钛、有机铝
16	橡胶	天然橡胶及其衍生物、合成橡胶及其衍生物
17	其他	以上 16 类以外的成膜物质，如无机高分子材料等

2. 颜料

颜料是白色或有色固体粉末，不溶于水及有机溶剂，是涂料中不挥发的部分之一。颜料的作用是赋予颜色、遮盖基底、改善涂料性能、增强装饰及保护效果。

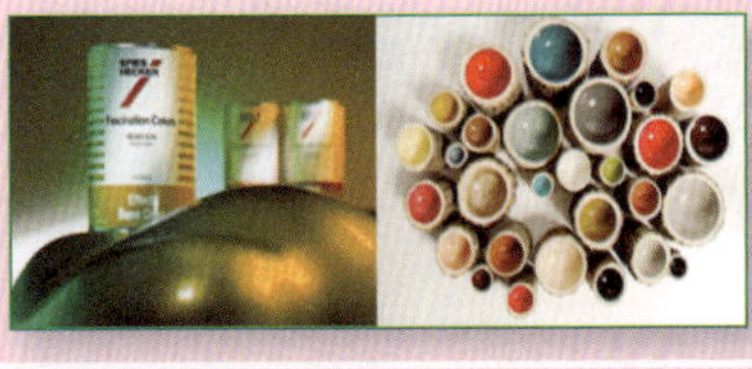

根据功能分类，颜料可分为着色颜料、体质（填充）颜料、防腐颜料及特殊效果颜料等。**着色颜料**是指底漆或面漆中提供颜色的部分；**体质颜料**又称填充颜料，一般来源于矿物质的无机物，其作用是改进涂料的物理性能、力学性能及降低成本；**防腐颜料**是在涂料中所使用具有防腐蚀特殊功能的颜料；常见的**特殊效果颜料**有铝粉、珠光颜料、干涉珍珠等，其作用是使涂料具有特殊的装饰效果。

油漆的组成

2. 颜料

颜料种类	作用	举例
着色颜料	提供颜色，遮盖底材	色漆
体质颜料	使涂料具有填充性，提高强度、浓度	腻子
防腐颜料	主要用于底涂层，起到防锈效果	防锈底漆
特殊性能颜料	使涂层具有特殊效果，如金属或珍珠色彩，可以降低涂层的光泽	珍珠漆

3. 溶剂

溶剂的主要作用是溶解、稀释树脂。除此之外，还能调整涂料的干燥特性，提高涂膜的表面平整度等。值得注意的是不同涂料使用的溶剂不同，不能混用。

溶剂按照其作用的不同分为真溶剂、助溶剂和稀释剂三类。**真溶剂**是起溶解树脂作用的溶剂，不同的树脂体系所使用的真溶剂是不同的，例如丙烯酸需要芳香烃和酮类，硝基涂料则需要酮类和酯类；**助溶剂**是起促进真溶剂溶解能力作用的溶剂，例如将醇类溶剂加入硝基涂料中可以提高溶解效果；**稀释剂**对于特定的树脂不会起溶剂的作用，但可以减少溶剂和产品的消耗，其作用为稀释树脂及分散颜料。

4. 添加剂

添加剂用量很少，一般不超过 5%，但具有很重要的作用。汽车修补涂装中常用的添加剂有帮助稳定涂料储存、防止涂料沉淀的“**防沉淀剂**”，帮助涂料在施工过程中流平的“**流平剂**”，缩短涂料干燥时间的“**催干剂**”和提高涂料耐候性的“**稳定剂**”等。涂料配方中一般使用多种添加剂，以使其生产工艺、储存稳定性、施工性及涂膜性得到有机地结合，最好地满足客户需求。

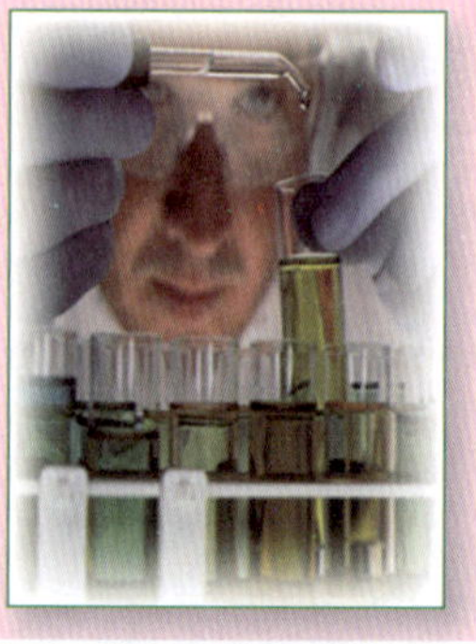

车身涂料分类与命名

按照涂料中主要成膜物质的不同，涂料可分为 17 类。按其在涂膜中所起作用的不同，涂料可分为底漆、衬漆、面漆及原子灰等。按照施工方法不同，涂料可分为刷漆、喷漆、烘干漆和电泳漆等。按使用效果不同，涂料可分为绝缘漆、防锈漆、防腐漆、耐酸漆、耐热漆等。按是否含有颜料，涂料可分为清漆、色漆和含大量体质颜料的原子灰。按溶剂构成情况不同，涂料分为溶剂型漆、水性漆、无溶剂漆和粉末涂料。按成膜机理的不同，涂料可分为氧化聚合型漆、双组分反应型漆、烘烤聚合型漆和溶剂挥发型漆等。

序号	代号	类别	序号	代号	类别	序号	代号	类别
1	Y	油脂漆	7	Q	硝基漆	13	H	环氧树脂漆
2	T	天然树脂漆	8	M	纤维素漆	14	S	聚氨酯漆
3	F	酚醛树脂漆	9	G	过氯乙烯漆	15	W	有机硅树脂漆
4	L	沥青漆	10	X	乙烯树脂漆	16	J	橡胶漆
5	C	醇酸树脂漆	11	B	丙烯酸漆	17	E	其他漆
6	A	氨基树脂漆	12	Z	聚酯漆			

第二节 干燥油漆

知识链接

<table>
<tr><th colspan="3">油漆的成膜及干燥方式</th></tr>
<tr><td rowspan="4">油漆的成膜方式</td><td colspan="2">使液体状涂料硬化、形成涂膜的过程叫做涂料固化。根据涂料固化和干燥的方式不同，可以分类为溶剂挥发型、氧化聚合型、烘烤聚合型及固化剂成膜型。</td></tr>
<tr><td rowspan="2">1. 溶剂挥发型</td><td>这类涂料在常温下靠溶剂挥发干燥成膜。在干燥的过程中，涂料中的成膜物分子结构没有显著的变化。在目前常用的汽车修补漆中，最典型的涂料品种是热塑性丙烯酸树脂涂料。
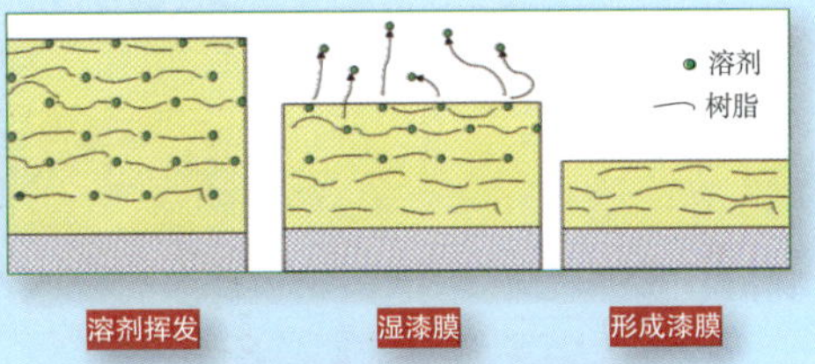

溶剂挥发型油漆的成膜过程</td></tr>
<tr><td>影响溶剂挥发型涂料干燥速度的因素主要有：
① 溶剂的性能。涂料中所使用的溶剂和稀释剂都是几种溶剂和助溶剂的混合物。每种溶剂的挥发性是有差异的，因此要控制溶剂的挥发性，就必须根据各种溶剂、助溶剂的蒸汽压、沸点等特性，恰当地配合使用。若挥发速度过快、涂料黏度增加过快，则会使涂膜产生针孔、橘皮等缺陷；若挥发过慢，则涂膜易流挂，影响干燥速度。
② 成膜物对溶剂的释放性。同一种溶剂在不同种类的成膜物中，会有不同的挥发速度，其原因就在于各种成膜物对溶剂的释放性是不同的。因此，不同的挥发性涂料在常温下的干燥速度是不同的。
③ 施工环境和温度的影响。温度高，溶剂挥发速度快，涂料干燥也快；温度低，溶剂挥发速度慢，涂料干燥也慢。一般来说，挥发性涂料的施工温度以 15 ～ 25℃为宜。空气适度对挥发性涂料的干燥速度也有影响，湿度大，涂膜易产生“发白”的缺陷。</td></tr>
<tr><td>2. 氧化-聚合型涂料</td><td>这类涂料在常温下干燥。干燥过程分两个阶段：第一阶段是溶剂的挥发；第二阶段是氧化聚合反应形成涂膜。用干性油或干性油改性的涂料，都属于氧化聚合型涂料，常用的品种有醇酸涂料、酚醛涂料等。目前在汽车上很少有用此类涂料的。
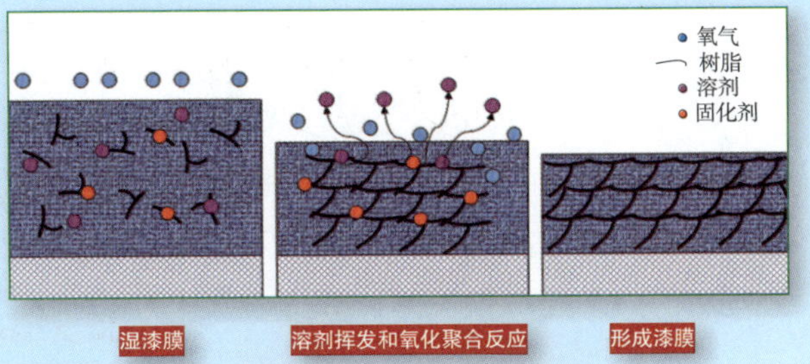

氧化聚合型油漆的成膜过程</td></tr>
</table>

油漆的成膜方式		影响氧化－聚合型涂料燥速度的因素主要有： ① 干性油类型和涂料油度。在结构中含有不饱和双键结构的油脂容易干燥，共轭双键多的干燥性能更好。因此氧化－聚合型涂料的干燥性能很大程度上取决于所用油的类型。 ② 催干剂类型和用量。为了加速这一类涂料的干燥速度，一般加入一定量的催干剂。常用的催干剂中，铅催干剂对促进内层的反应有效，钴、锰催干剂促进涂膜外层的氧化聚合反应。使用时应根据涂膜的干燥条件以及涂料中所用的油脂含量合理选择催干剂的种类和用量。 ③ 施工环境的影响。温度高，涂料中溶剂挥发快，氧化－聚合反应速度也快，反之亦然。在湿度大的环境中，即使温度高，干燥速度也不如在适度小温度低的条件下干燥的好。
	3. 烘烤聚合型涂料	此类涂料必须在一定温度下烘烤，成膜物分子发生交联反应而固化。目前汽车上所使用的原厂漆大都属于这一类型的，常用的品种有氨基醇酸烘烤涂料、丙烯酸氨基烘烤涂料、有机硅烘烤涂料等。每种涂料都有一定的烘烤温度，不可随意升高或降低，否则将影响涂料的固化而引起涂膜质量。 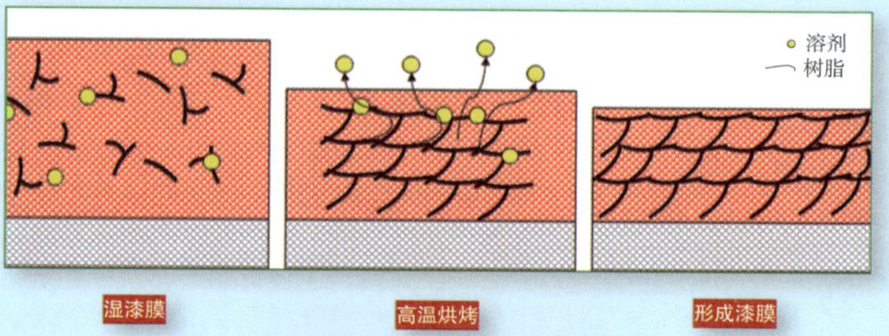 烘烤聚合型油漆的成膜过程 在实际施工中，涂料的烘烤条件与下列条件有关： ① 涂料颜色。深色的涂料吸热量大，烘烤时间可以缩短；与之相反，浅色漆需要的烘烤时间要长一些。 ② 工件的形状和厚度。厚度大的工件吸热量大，需烘烤时间长一些；薄而多孔的工件吸热量小，热传导快，干燥就快一些。 ③ 工件材质。黑金属吸热速度比有色金属快，故烘烤时间相对要短一些。 ④ 烘烤固化的涂膜硬度高，耐磨性能好，耐光性和耐久性也更优越。
	4. 固化剂成膜型涂料	此类涂料由固化剂中的活性基团与成膜物分子交联反应而固化。该固化方式的涂料被广泛用于汽车修补，如所使用的环氧底漆、双组分的封闭底漆、双组分面漆、罩光清漆都属于此类型。 这类涂料的固化反应在常温下即可进行，为了缩短供气，提高涂膜性能，也可以加热固化。如双组分汽车面漆（或罩光清漆）在 25℃时，需要 24h 才能使交联反应完全而固化，48h 才能达到较高的硬度，才能进行抛光等操作。如果在 60℃条件下，则只需要 30min，即可使涂膜固化，且涂膜的性能也更好。 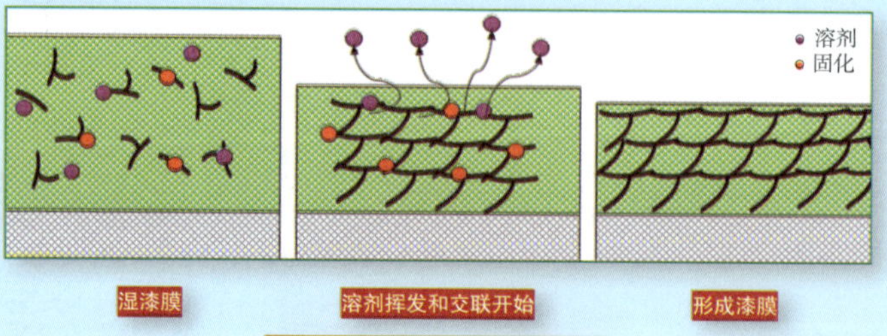 烘烤聚合型油漆的成膜过程

油漆的干燥方式	根据油漆成膜方式的不同，应选择合适的干燥方式。干燥方式有自然干燥、低温烘烤干燥和高温烘烤干燥。	
	1. 自然干燥	自然干燥是油漆喷涂完成后静置至油漆完全干燥。将已涂装完毕的被涂物放置在空气流通的场所，进行自然通风干燥。干燥时间的长短，由现场的温度、湿度和通风状况确定。此法不需要专用设备和消耗能源，经济简易，适用于结膜干燥快的挥发性涂料和室外大面积物件施工，但一般干燥时间较长。
	2. 低温烘烤干燥	低温烘烤干燥是将喷涂好的油漆闪干后采用红外线烤灯或烤房加热烘烤使油漆干燥。低温烘烤干燥的温度一般控制在 80℃以下，烘烤 30min 左右即可将油漆烤干。这种干燥方式的干燥时间短，效率较高，适用于双组分涂料的干燥，但烤房占地面积大，消耗能源。
	3. 高温烘烤干燥	高温烘烤干燥是将喷涂好的油漆置入高温环境下烘烤至油漆干燥。高温烘烤干燥的温度一般在 120℃以上，多在汽车生产厂采用。

第三章 涂装工具与设备

第一节 刮涂工具的使用与维护

使用工具与设备

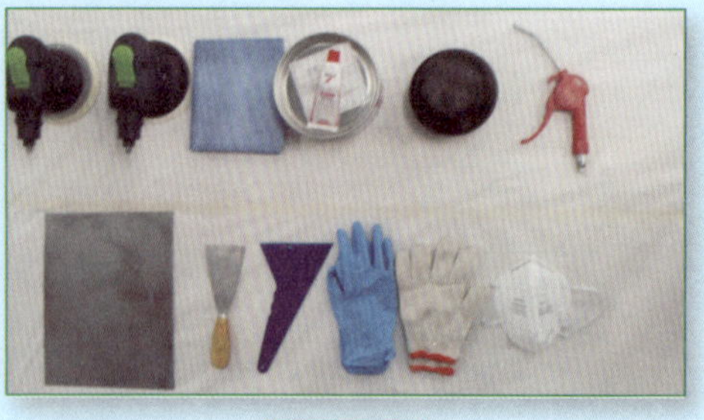

使用的工具

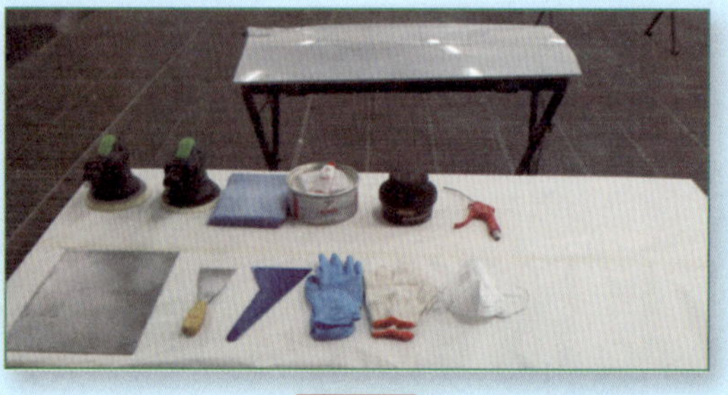

实习场景

实施步骤

涂装工具与设备的使用

步骤、作业内容及技术要求		图解
1. 检查工具（目视法）	检查刮刀、灰刀是否干净，是否有缺口和毛刺。 如刮刀、灰刀有残留原子灰，可用研磨机配合砂纸（不低于 P240）打磨，有缺口时应进行更换，如有毛刺可用砂纸（不低于 P320）打磨。 温馨提示 刮刀、灰刀为金属材质，刀口锋利，小心伤到自己或别人。	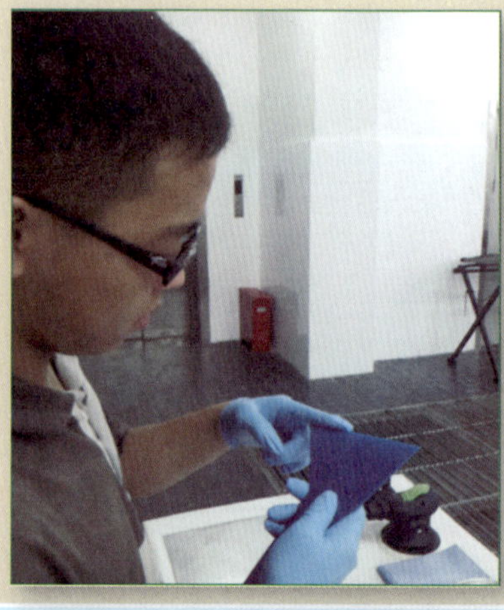
2. 在刮板上练习	在刮板上进行调灰练习，调灰手法有多种，选择一个最适合自己的手法反复练习即可。 温馨提示 练习时只用原子灰基料，不需要添加固化剂。	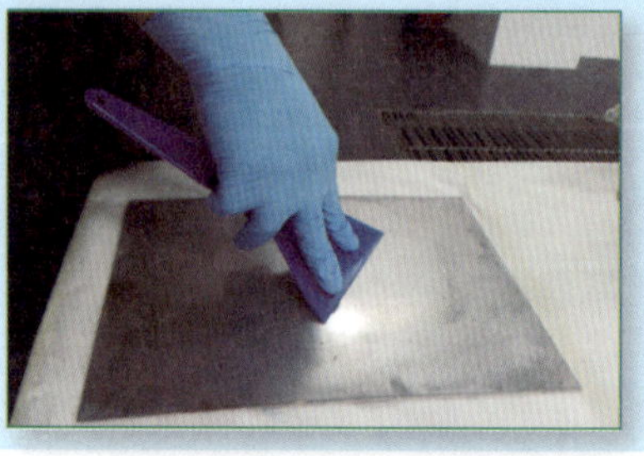

3. 在平面上练习	原子灰调配手法练习熟练后，可在门板平面处练习原子灰的刮涂手法及进一步练习刮刀的使用方法。	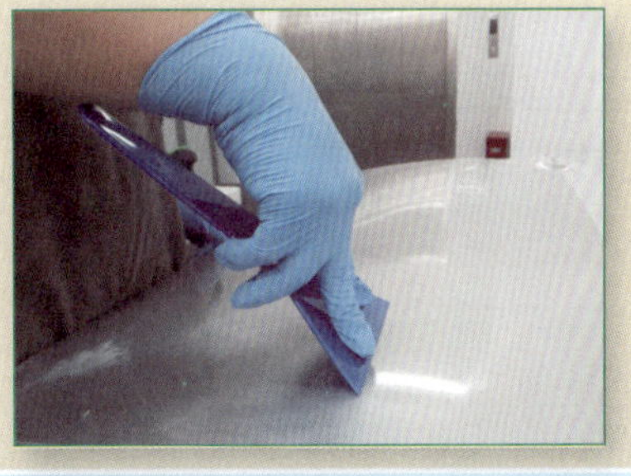
4. 在曲面上练习	在平面上练习熟练后，可在门板曲面处练习原子灰的刮涂手法及进一步练习刮刀的使用方法。	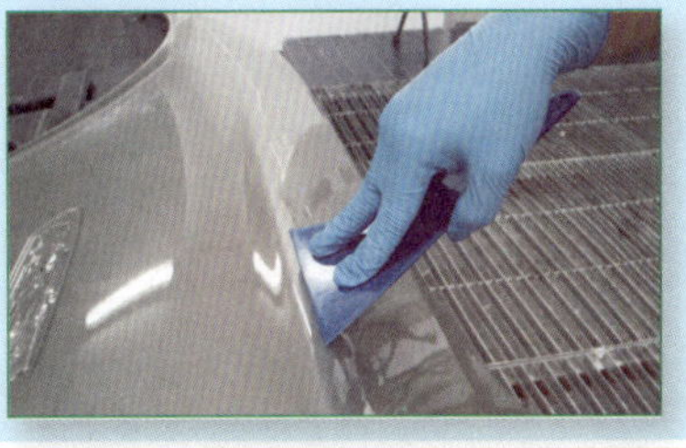
5. 刮刀练习完成	进行设备和场地的 5S 整理工作。	

知识链接

刮涂工具的种类与维护方法

刮涂工具的种类	在汽车维修过程中，外表经钣金工的敲补、焊接后，还需用腻子填补磨平。刮涂腻子常用的工具有硬刮具和软刮具两类。硬刮具有灰刀、牛角刮刀以及钢片刮刀等，通常用于平面及大面积凹坑；软刮具一般是指橡胶刮板，它一般涂刮小的凹坑，刮出的腻子表面较平滑，遗留孔隙较小。		
	1. 调灰刀	调灰刀又称油灰刀，它由木柄和刀板构成。木柄用松木、桦木等制作，刀板由弹性较好的钢板制作。其特点是成品灰刀的规格多，弹性好，使用方便。如宽灰刀有 100mm 和 75mm 两种，适用于木车厢、客车板等平整大物面腻子刮涂或基层清理；中号灰刀的宽度多为 50 ～ 65mm，主要用于调配腻子、小面积腻子补刮及清除旧漆等；窄灰刀多用于调配腻子或清理腻子毛刺。	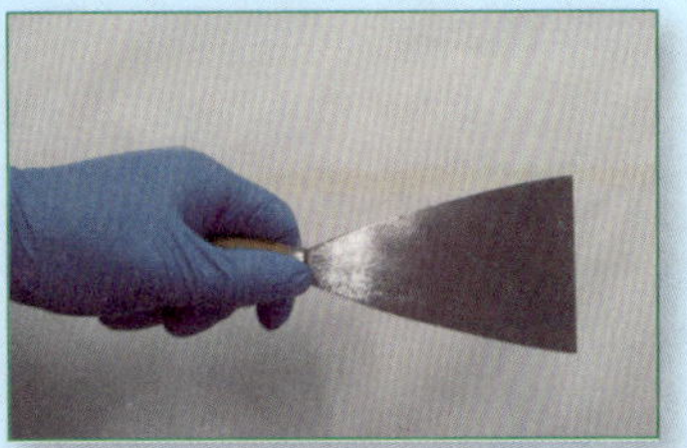 调灰刀及握姿
	2. 牛角刮刀	牛角刮刀的形状类似牛角，其特点是使用方便，可来回刮涂（左右刮涂），主要用于修饰腻子的补刮等。牛角板使用后，应清理干净置于木夹上存放，以防变形，影响使用。	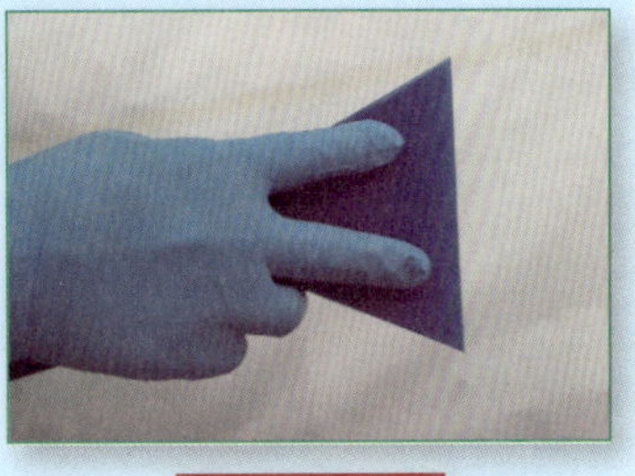 牛角刮刀及握姿

<table>
<tr><td rowspan="2">刮涂工具的种类</td><td>3. 钢片刮刀</td><td>钢片刮刀由弹性极好的薄钢片制成，其特点是弹性好、刮涂轻便、效率高，刮后的腻子层平整，既可用于局部刮涂，也可用于全面刮涂，较适于小轿车、大型客车等表面的腻子刮平。</td><td>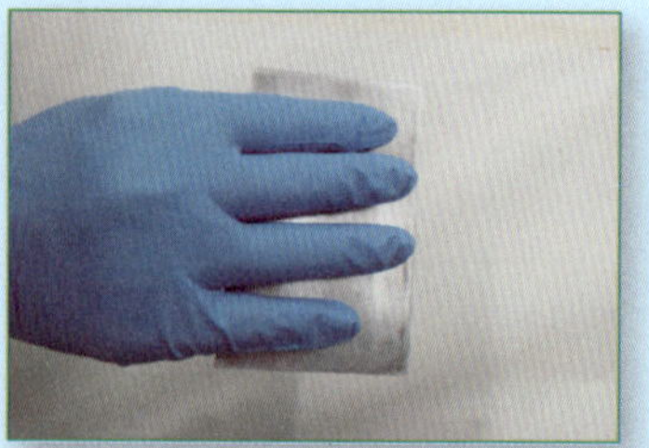
钢片刮刀及握姿</td></tr>
<tr><td>4. 橡胶刮刀</td><td>橡胶刮板用耐油、耐溶剂和膨胀系数小的橡胶板制成，外形尺寸和形状根据需要确定，橡胶刮刀弹性极好，刮涂方便，可随物面形状的不同进行刮涂，以获得平整的腻子层。尤其对凹凸形、圆形、椭圆形等物面，使用橡胶刮刀刮涂，质量更优。橡胶刮刀适于刮涂弧形车门、翼子板等。</td><td>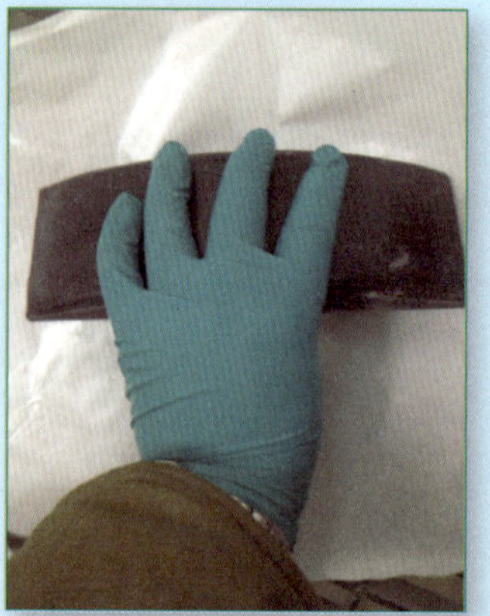
橡胶刮刀及握姿</td></tr>
<tr><td>刮涂工具的维护</td><td colspan="3">工欲善其事必先利其器。工具的维护对施工质量和施工效率有直接影响，所以花一定的时间对工具维护是值得的也是必要的。对于刮涂工具的维护需要注意以下几点：
① 及时清除刮具上残留的异物，检查刮具的刀口，看是否需要维修。
② 使用过程中密切关注刮具刀口的平整度，一旦发现刀口有异物或损坏，应及时清除抹平或者进行更换。
③ 刮涂结束后，及时清理刮具上残留的腻子，并妥善保管。</td></tr>
</table>

第二节　干磨设备的使用与维护

使用工具与设备

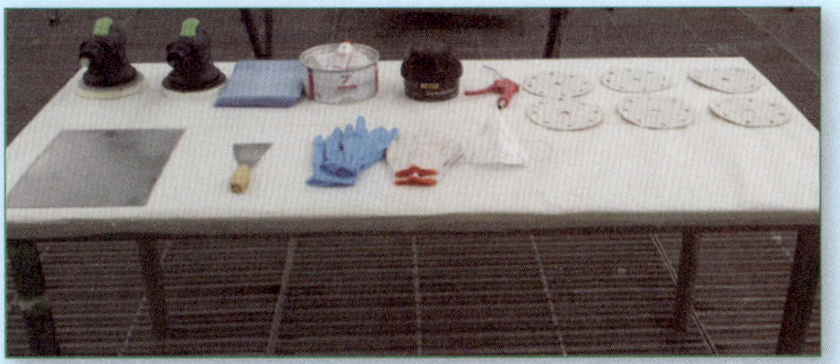

使用的工具

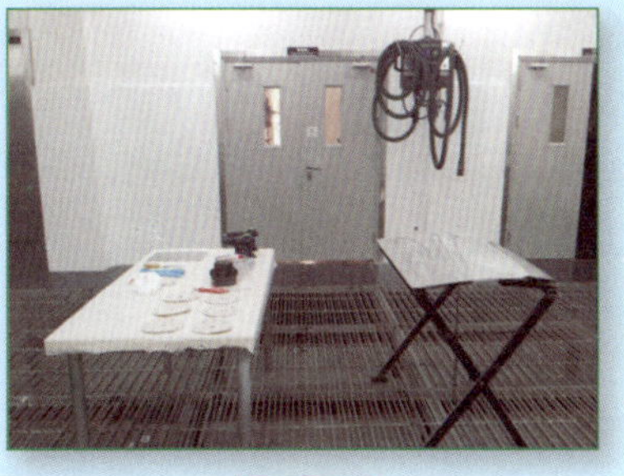

实习场景

实施步骤

干磨的步骤

步骤、作业内容及技术要求		图　解
1. 检查工具	查看耗材是否充足、工具是否完好。 温馨提示 重点检查研磨盘毛毡的粘贴力。如果粘贴力差，应及时更换研磨盘。	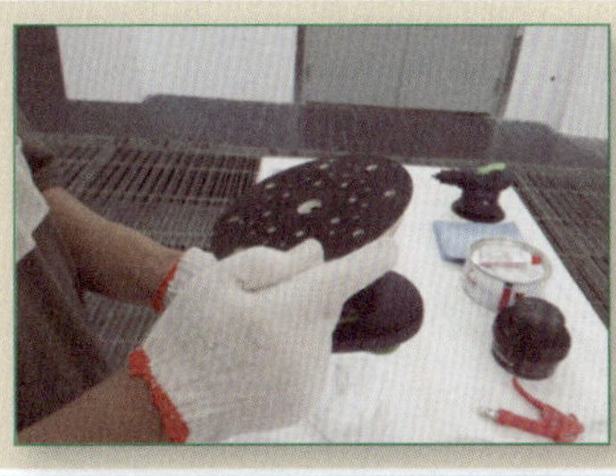
2. 连接打磨机电源和气源等外部连接	检查电源插头时不允许用湿手去触摸；连接气管接头时要连接牢靠；气动研磨机额定工作气压一般为 6bar。 温馨提示 额定工作气压是指研磨机在工作状态下的气压。如果气压不足，应通过气压表调节螺栓进行调节。	
3. 粘贴砂纸	砂纸是有毛毡的，只要将砂纸轻轻粘在研磨机的表面即可。 温馨提示 所选砂纸的型号要和研磨盘的型号一致，砂纸上的孔要和研磨盘上的孔对齐。	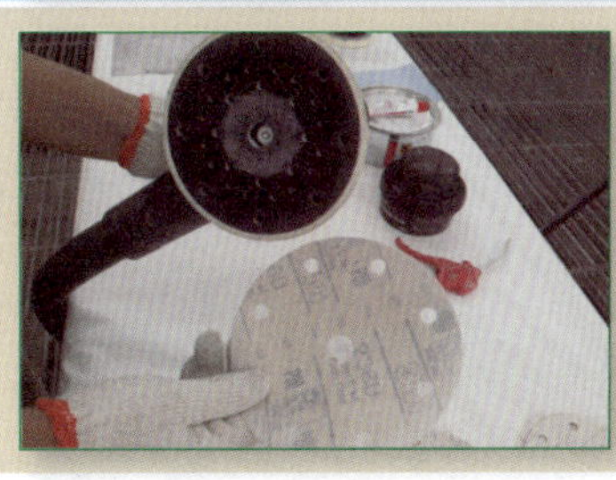

4. 用研磨机去除旧漆	使用装配好的研磨机练习除旧漆。使用研磨机时应一只手握住研磨头，另外一只手握住研磨机和管路的结合部位，稳稳地放在板件上。 **温馨提示** 研磨时要佩戴防护用品，研磨机使用时应平放在板件上。除旧漆的工具组合应为 7mm 研磨机配合 P80 砂纸。	
5. 用研磨机研磨原子灰	使用装配好的研磨机练习研磨原子灰。使用研磨机时应一只手握住研磨头，另外一只手握住研磨机和管路的结合部位，稳稳地放在板件上。 **温馨提示** 研磨时要佩戴防护用品，研磨机使用时应平放在板件上。研磨原子灰的工具组合应为 7mm 研磨机配合 P80 ～ P240 砂纸。	
6. 练习完成	打磨机练习完成后，进行设备和场地的 5S 整理工作。	

知识链接

干磨设备的使用

干磨设备的分类

干磨工具与设备在涂装作业中应用广泛，主要用来研磨旧漆、原子灰、中涂漆等。它替代了传统的水磨工艺，减少了废水排放污染，提高了生产效率，降低了施工人员的劳动强度。按照不同的吸尘方式，干磨设备可分为移动式、中央集尘式和简易袋式三种类型。

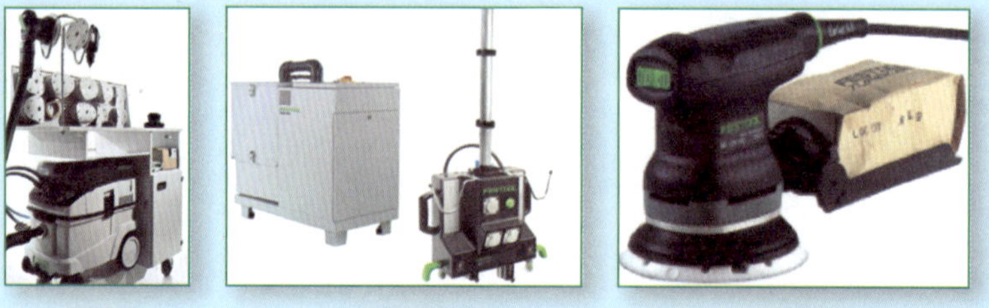

移动式　中央集尘式　简易袋式

干磨设备的类型

移动式干磨设备在使用与维护方面，灵活性好，价格便宜，适合小型修理厂使用；**中央集尘式干磨设备**集尘效果好，可同时带动多个干磨头，但该类设备需要铺设管路，占用空间大，适合大型维修站使用；**简易袋式干磨设备**小巧、灵活，但吸尘效果不佳，已很少使用。

干磨工具与设备主要包括研磨机、研磨机控制单元、集尘系统及配套管路等。

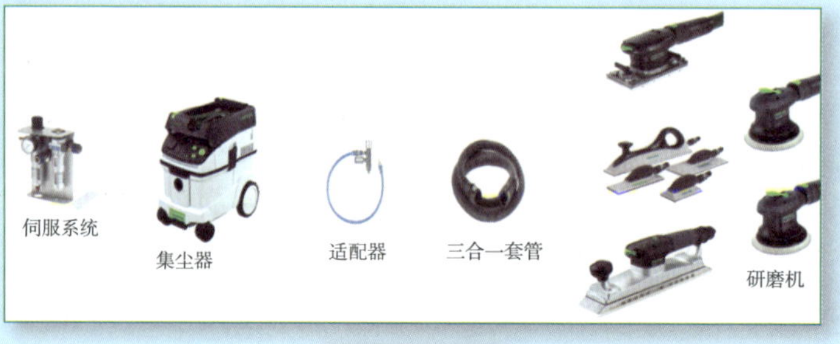

干磨设备的组成

伺服系统

伺服系统由一个调压器、凝结管和一个润滑油容器组成。调压器调节连接气动工具的气压，两个带润滑油的压缩空气接头和一个无润滑油的压缩空气接头装有特殊润滑油。

【例】费斯托干磨设备的额定工作气压为 6bar，每件费斯托气动工具需要至少 400L/min 的空气流量。

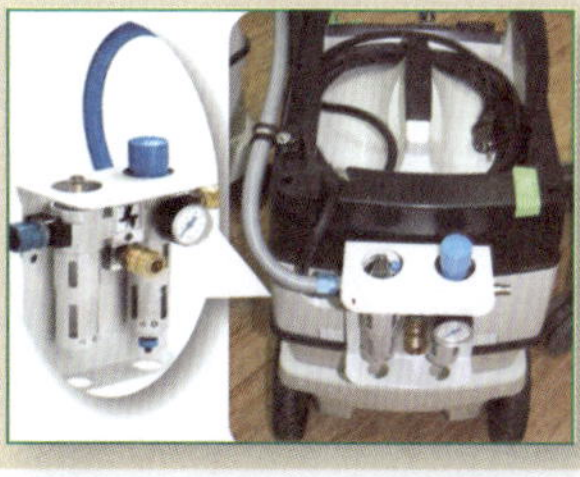

集尘器

主要由电动机、过滤器、控制单元、集尘袋组成，主要作用是收集研磨的粉尘。

集尘器的吸力可以通过控制旋钮进行调节，吸尘颗粒也可以调节。通常，集尘袋是一次性的，当集尘袋装满后就应及时倒掉灰尘，更换集尘袋。另外，应定期检查集尘器滤芯，如太脏，可用压缩空气吹去灰尘或更换。

三合一套管

三合一套管是费斯托干磨工具的专利技术，它将进气、吸尘、回气三路合一，巧妙地设计在一起，制成了三合一套管，使用起来方便，且管路具有 360° 防扭曲功能，使管路不会缠绕在一起，能使气流畅通无阻。如果不慎将管路某一节弄坏了，可以将该节剪掉，重新安装即可，维修工作非常简单。

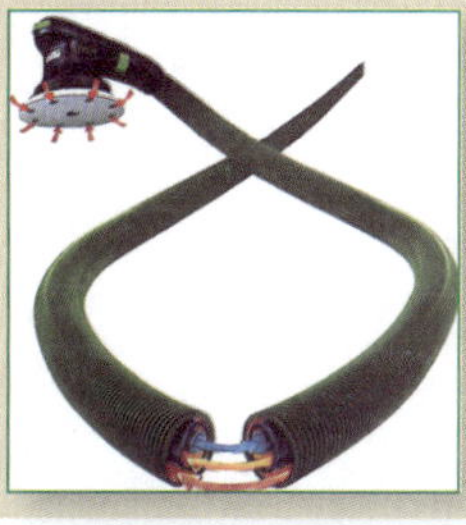

研磨机

研磨机是干磨设备的重要组成部分，是研磨旧漆、原子灰等工作的主要工具。根据运动方式的不同，研磨机可分为单作用式、双作用式和轨道式三种类型。运动方式不同，其用途不同，研磨效果也不一样。此处就以费斯托研磨机展开介绍。

1. 单作用研磨机

单作用研磨机的运动轨迹是单向旋转，其切削力强，效率高，多用在去除旧漆层、除锈等工作中。

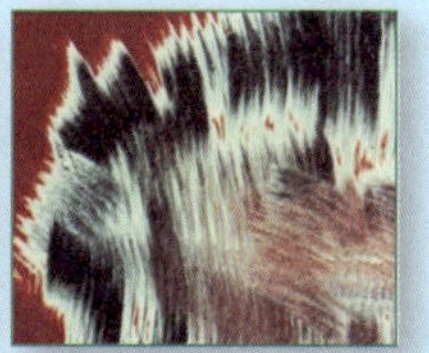

单作用研磨机在使用时，研磨盘与工件表面应成一定的角度，角度不宜过大，一般 15° ～ 30° 最为合适，故又称锐角打磨机。其研磨速度快，效率高，产生的痕迹较重，在除旧漆、除锈等工作中得到广泛应用。

2. 双作用研磨机

双作用研磨机的运动轨迹是旋转运动及偏心振动，偏心幅度大小有 7mm、5mm、3mm。不同偏心的研磨机其适用范围也不同，一般偏心越大，振动幅度越大，切削力越强，研磨效率越高，研磨出的痕迹越粗糙；反之，偏心越小，振动幅度越小，研磨出的痕迹越细腻。

偏心 7mm 的研磨机振动幅度大，研磨效率高，适用于研磨原子灰、去除旧漆层等粗磨工作。在使用时应将研磨机先放在工件表面上，再开动机器，在打磨时应尽可能平放。

偏心 7mm 的研磨机

研磨机	2. 双作用研磨机	偏心 3mm 的研磨机振动幅度小，研磨的痕迹细腻，适合精细研磨，如研磨中涂漆。 偏心 5mm 的研磨机通常配有软垫和硬垫，使用软垫时适合研磨中涂漆，配合硬垫使用时适合研磨原子灰。但偏心 5mm 的研磨机在粗磨时的效率不如偏心 7mm 的研磨机，在细磨时的不如偏心 3mm 的研磨机（痕迹不很细腻），所以应用不是很广泛。	 偏心 3mm 的研磨机
	3. 轨道式研磨机	轨道式研磨机的运行轨迹是前后左右振动，振动幅度有 4mm、5mm，多用于大面积原子灰粗、中级研磨，不适合中涂底漆的细研磨。 轨道式研磨机在研磨原子灰时应平放在原子灰表面，在移动研磨机时也要保证平行移动，这样才能保证研磨出来的原子灰表面平整。	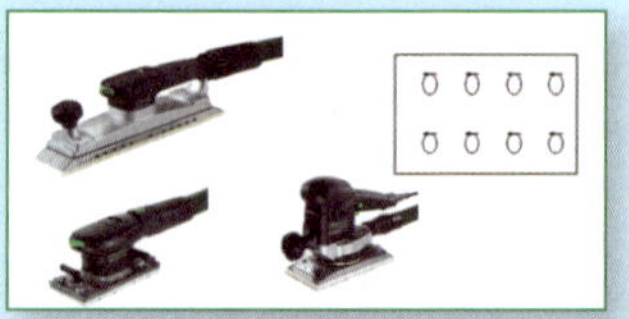 轨道式研磨机
手工磨板	除了研磨用的研磨机外，研磨漆面使用的工具还有手工磨板。手工磨板主要是在精细研磨原子灰时使用，是精细研磨必不可少的研磨工具。手工磨板的规格有多种，此处以费斯托手工磨板套装为例展开介绍。		
	1. 手动长方手刨	手动长方手刨规格为 400mm × 80mm ，主要用于大面积原子灰修饰打磨，如车门、机盖、车顶等平面处的研磨。	 手动长方手刨
	2. 手动大方手刨	手动大方手刨规格为 228mm × 115 mm ，主要用于大面积原子灰修饰打磨，如车门、机盖、车顶等平面处的研磨。与手动长方手刨的差异在于前者更宽，后者更长。	 手动大方手刨
	3. 手动中方手刨	手动中方手刨规格为 200mm × 80mm，主要用于中小面积原子灰的修饰打磨，如平面、边角、线条等。	 手动中方手刨
	4. 手动小方手刨	手动小方手刨规格为 133mm × 80 mm，主要用于小面积原子灰的修饰打磨，如小平面、边角打磨等。	 手动小方手刨

干磨设备的选用与维护

干磨设备的动力源除上述的气动设备以外还有电动设备，在选用时应综合考虑场地、设施及成本、使用寿命等。

气动工具和电动工具的选用与维护

动力源	气动工具	电动工具
选用前提	使用现场必须有充足的压缩气气源	使用现场有 220 V/50-60 Hz 的民用电源
安全性	气动工具的运动完全是机械振动，很安全	容易造成断路，在涂装车间多水的情况下，存在安全隐患
维修保养	气动工具是机械产品，结构比较简单，便于维修与保养。 常见的问题是电动机叶片磨损，需要更换。 **温馨提示** 在没有吸尘的环境下使用清洁干燥的压缩气；磨机轴承容易出现卡死现象，需要定期检查或更换	电动工具的结构较气动工具要复杂一些。 常见问题是换电刷。但尽量不要在进口电动工具上换用国产电刷，因为国产电刷较进口电刷硬得多，常常会造成转子过早损坏。在没有吸尘的状态下使用，磨机的轴承会因灰尘过多而容易卡死，需要进行更换
使用效果	在压缩气气量充足、压力足够的前提下，气动磨机使用起来比较轻便。如果压缩气气压不足，气量不够，则影响气动磨机的使用效果。如力量不够，则打磨速度慢，打磨速度不稳定	只要有民用 220V/50 Hz 的电压，电动磨机的力量就能得到充分的发挥，打磨效果会比较理想。因为其内部有电动机与转子，所以一般比气动工具重
使用寿命	在正常条件下，使用寿命较电动工具长 1 倍以上	由于电刷与转子之间的摩擦，电动机周期性的发热，尤其是在高频率使用的条件下，其使用寿命往往相当于 4 ～ 5 对电刷的寿命

第三节 砂纸的选用

使用工具与设备

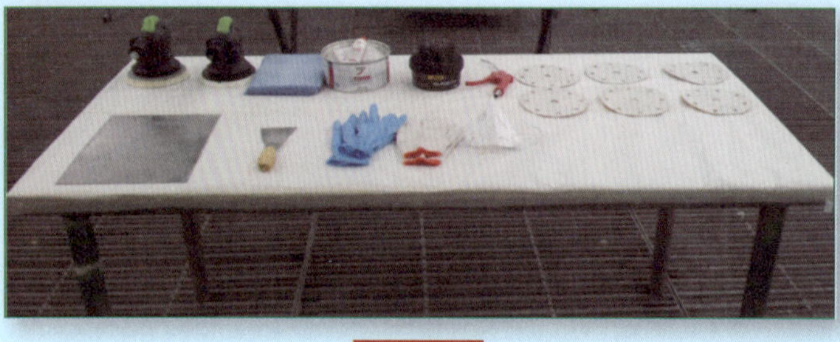
使用的工具

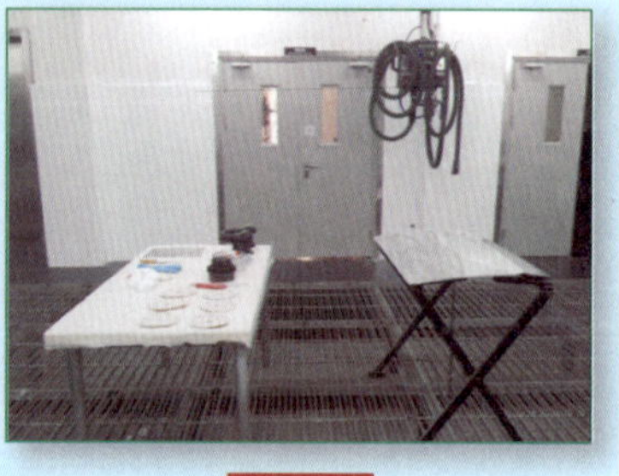
实习场景

实施步骤

砂纸的练习步骤

步骤、作业内容及技术要求		图解
1. 正确区分砂纸大小的规格	观察不同型号砂纸的研磨颗粒大小的区别，一般砂纸型号越大研磨颗粒越细；型号越小，研磨颗粒越粗。	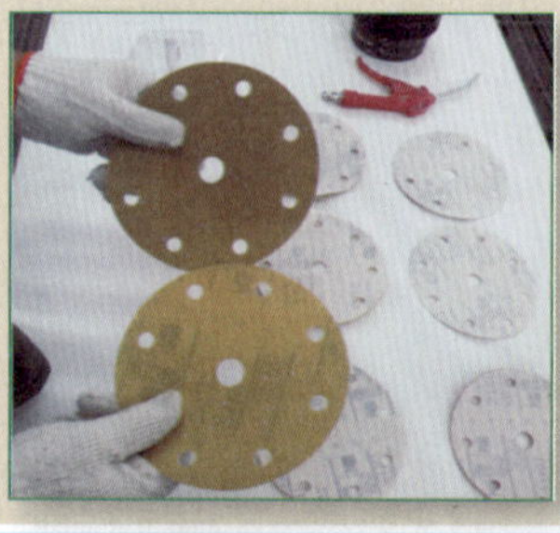
2. 选择砂纸打磨旧漆	旧漆层可能有腻子层，比较难打磨，所以选择砂纸时候，砂纸范围在 P60 ～ P120。 温馨提示 在粘贴砂纸时要保证砂纸上的孔要和研磨盘上的孔对齐。	
3. 选择砂纸打磨原子灰	打磨原子灰层时需要磨平磨光，先使用机磨粗整平，再用手刨修饰。所以选择机磨砂纸：P80 ～ P180；手刨砂纸：P180 ～ P240。 温馨提示 做好安全防护，工作鞋、工作服、手套等穿戴齐全。	

4. 选择砂纸打磨中涂底漆	研磨中涂底漆是为了做面漆前的准备，所以表面不允许有砂纸痕，在选择砂纸上就要求更精细，砂纸范围：P400 ～ P500 左右。 温馨提示 做好安全防护，工作鞋、工作服、手套等穿戴齐全。	
5. 喷漆后处理选择砂纸	喷漆完成后，面漆层上会残留灰尘颗粒物或有局部的小流挂，应选择 P800 ～ P3000 的砂纸对这些缺陷进行处理。 温馨提示 做好安全防护，工作鞋、工作服、手套等穿戴齐全。	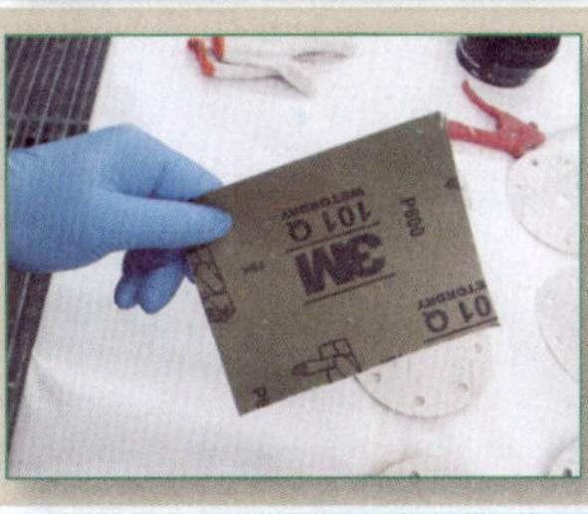
6. 练习完成	进行设备和场地的 5S 整理工作。	

知识链接

砂纸的组成与选用

砂纸的组成

砂纸通常由磨料、底胶、面胶、背材等组成。

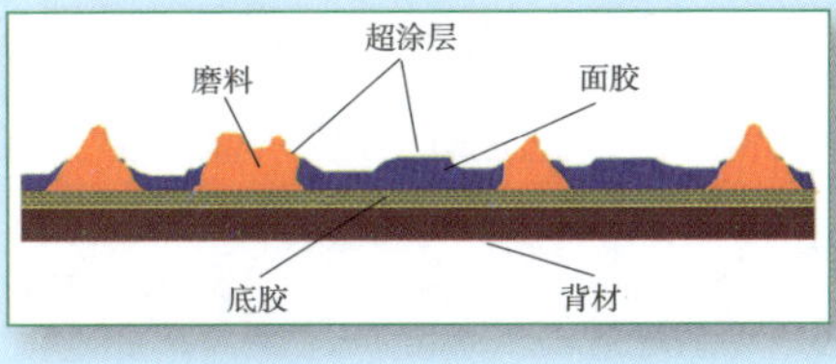

磨料：分为天然磨料与合成（人造）磨料，提供硬度、尖锐性和韧性。

底胶：磨料与背材的黏胶。

面胶：磨料间的黏胶。

背材：研磨材料（砂粒）的承载体，通常有纸、布、纤维、薄膜、复合体。

超涂层：在研磨介质表面的一种特殊涂层，按作用不同可分为防堵塞涂层和冷切削涂层等，这是高等级干磨砂纸特有的一种技术。

一般砂纸磨料的硬度和尖锐性主要反映在切削力上，而韧性主要反映在掉砂量和砂纸的耐用性能上。下表列出了目前比较通用的 7 种矿砂的基本性能。

磨料性能

矿砂种类	硬度（HV）	韧性
天然刚玉	3400	3.4
石榴石	1360	0.8
氧化铝（人造刚玉）	2000	1.0
氧化锆（锆刚玉）	1500	2.3
陶瓷氧化铝	1600	2.3
碳化硅	2500	0.9
人造钻石	8000	9.1

砂纸的组成

一般来说，硬度越高，矿砂切削力越强；韧度越高，矿砂的研磨寿命越长。在汽车涂装研磨工艺中常用的磨料为氧化铝和碳化硅。

氧化铝硬度不如碳化硅高，但韧性却更好。氧化铝磨料在打磨过程中不易破碎，切削力主要是以磨钝形式损耗。碳化硅硬度高，碳化硅磨料在打磨过程中易破碎从而产生锋利的锐角，切削力较好。

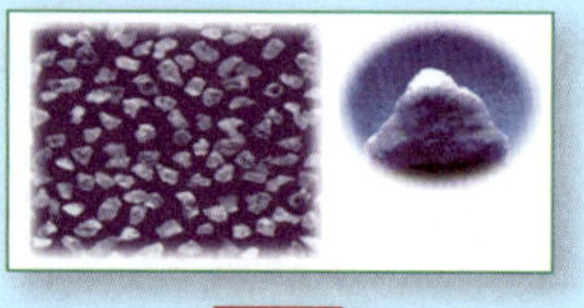

氧化铝

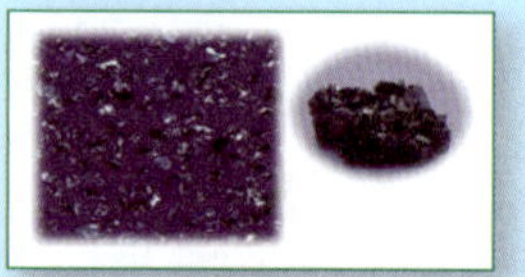

碳化硅

水砂纸多用在湿磨工艺中，使用时应先浸水，使砂纸完全浸湿，这样可防止因为手工打磨折叠而引起的脆裂，特别是冬天温度低时，应先用温水浸泡，以防止砂纸脆裂。使用时应注意以下事项：

① **一般常规打磨**：将水砂纸裁成 1/4 大小，约 11.5cm × 14cm，这种尺寸大小适中，适合手握操作，方便灵活，是维修时最常用的。

② **小面积打磨**：将砂纸裁成 1/8 大小，约 5.75cm × 7cm，以这种尺寸配合小垫板，适合小面积打磨及处理局部留痕处的磨平。

③ **大面积打磨**：将水砂纸横向裁成 1/4 大小，约 7cm × 23cm，这需要根据打磨板的规格而裁剪。一般打磨前把砂纸固定在标准打磨板上，对于较大面上的缺陷有较好的平整作用。

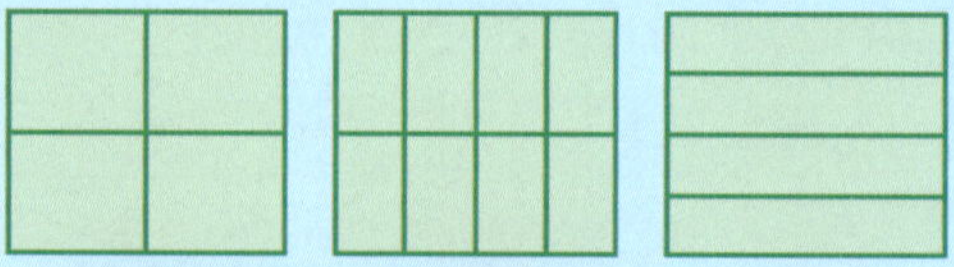

（a）常规打磨　小面积打磨　标准打磨

水砂纸的裁剪方法

因为水砂纸在使用时必须带水研磨，极易导致板件锈蚀、涂层起泡等，所以在很多高端车的维修工艺中已经禁止使用。

三维打磨材料（菜瓜布）质地柔软，研磨颗粒置于纤维组织内，具有良好的研磨效果，且重复利用率高，抽取方便因此被广泛使用。三维打磨材料通常有红色、灰色和黄色三种，颜色不同其用途也不同。

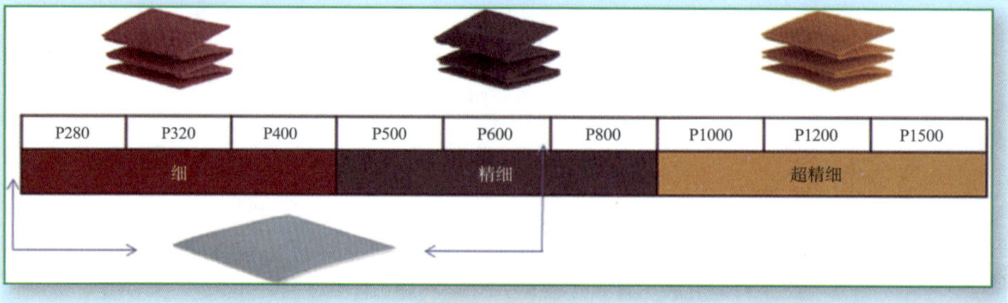

三维打磨材料

砂纸的选用

在研磨时要根据不同的研磨工序选择合适的砂纸，砂纸的选择原则如下：

① 根据打磨规则从粗到细，以相差不超过 100 号的砂纸循序渐进。

② 根据油漆的遮盖力选择砂纸，应保证砂纸痕可以被该涂料填充或遮盖。

③ 底材前处理的砂纸一般选择 P80 ～ P500，面漆缺陷处理的砂纸一般选择 P800 ～ P3000。

砂纸的选用

砂纸型号对比

欧洲 FEPA 标准 / 中国 GB 标准	美国 ANSI 标准	日本 JIS 标准
P1200	600	1200
P1000	500	1000
P800	400	800
P500/P600	360	600
P400	320	500
P360/P320	280	400/360
P280	240	360/320
P240/P220	220	280
P180	180	180
P150	150	150
P120	120	120
P100	100	100
P80	80	80
P60	60	60
P50	50	50
P40	40	40
P30	30	30

干磨砂纸与水磨砂纸的粗细对比

干磨砂纸	P60	P 80	P120	P150	P180	P240	P280	P320	P360	P400
水磨砂纸	P150～P180	P180～P220	P240～P280	P280～P320	P320～P360	P400～P500	P500～P600	P600～P800	P800～P1000	P1000～P1200

不同工序推荐选用砂纸型号

工序＼砂纸	P60～P80～P120	P180～P240～P320	P400～P500～P800	P1000～P1200～P1500
除旧漆	→			
磨羽状边	→	→		
磨原子灰	→	→		
磨中涂漆		→	→	
抛光前处理			→	→
驳口区研磨				→

第四节 喷涂工具的使用与维护

使用工具与设备

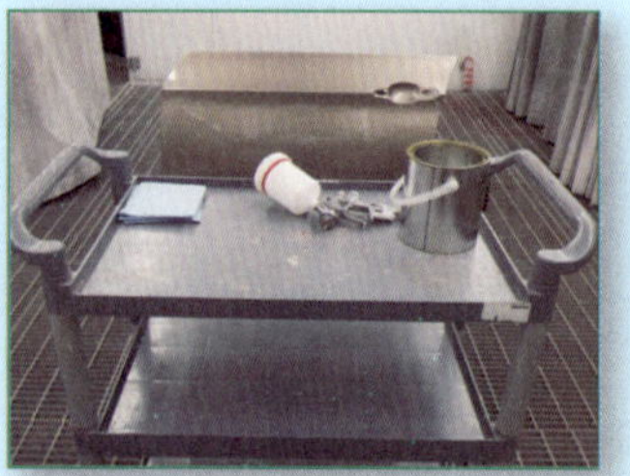

使用的工具

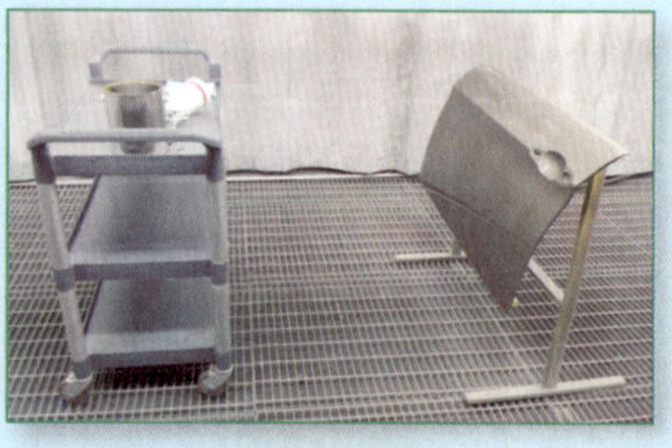

实习场景

实施步骤

练习使用喷枪的步骤

步骤、作业内容及技术要求		图解
1. 检查工具	查看喷枪是否完好，风帽、枪嘴是否有堵塞现象。如有，应用专用工具清除。 温馨提示 切勿用牙签或铁丝等尖锐物品清除喷枪堵塞。	
2. 连接喷枪气源等外部连接	连接时应保证气管接头与喷枪接头配套，并扣动扳机，检查气压表是否完好。	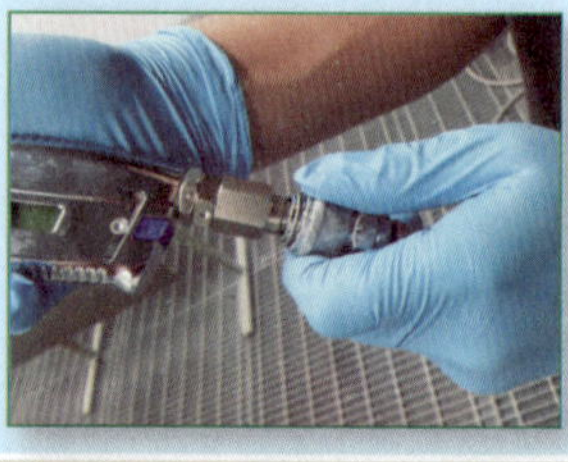
3. 调整喷枪的参数	调整喷枪参数时，应根据喷枪的型号、喷涂的油漆等要求进行调节。	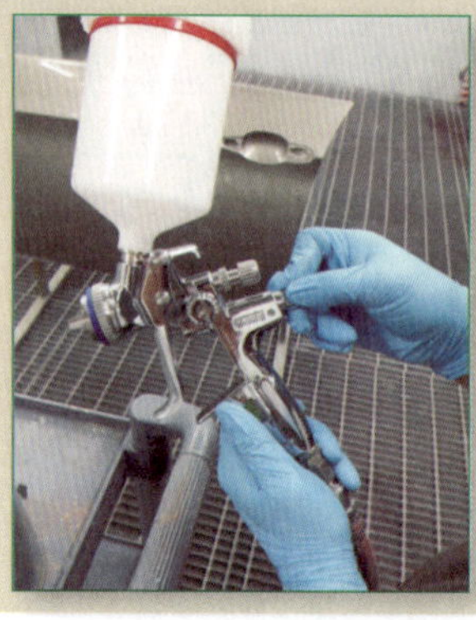

4. 喷水练习	按照喷枪的使用方法，在门板上操作练习，看喷出水珠的均匀程度，多练习对喷枪的控制。 温馨提示 注意喷枪的距离、走枪速度、重叠幅度。	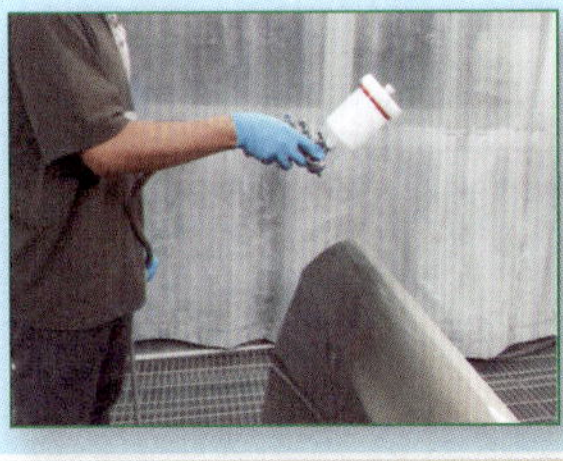
5. 练习完成	进行设备和场地的5S整理工作。	

知识链接

喷枪是涂装的关键设备之一，在维修涂装中更为突出。虽然不同的喷枪有许多通用的零部件，但每一类型或每一型号的喷枪均有适合的喷涂作业。因此，选择适当的喷枪进行喷涂，是保证喷涂质量的重要手段。

喷枪的结构、种类及选用

喷枪的结构组成

喷枪是通过压缩空气将液态涂料雾化后均匀地喷涂于工件表面的工具。喷枪主要有可拆卸的喷头装置，该装置由气帽、喷嘴（即顶针）等组成。其中风帽上有主雾化孔、辅助雾化孔、扇幅控制孔等。

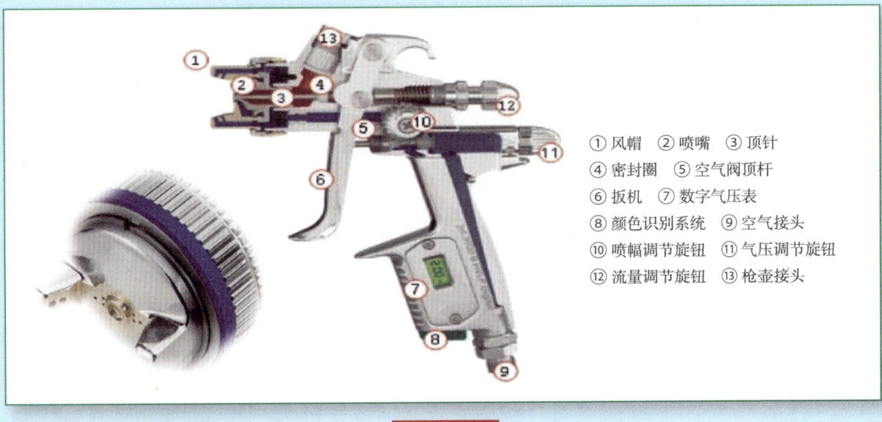

喷枪的组成

喷枪各主要零件的名称和作用

名称	作用
风帽	把压缩空气引入漆流中，使漆液雾化
主雾化孔	形成真空，吸出漆液
扇幅控制孔	借助空气压力控制扇形面
辅助雾化孔	促进漆液雾化。若孔大或多，雾化能力强；反之则弱
喷幅调节旋钮	调到最小时，扇面为圆形；调节旋钮全开，扇面为椭圆形
顶针	控制漆液的流量的多少
密封圈	起密封作用
顶针弹簧	当扳机放开时，使顶针回位作用
流量调节旋钮	旋到最小时，扣扳机没有漆液出来；全开时，出漆量最大。
气压调节旋钮	调节气压大小

喷枪的种类及特点

常用的喷枪种类很多，用途各不相同，但根据供应涂料的方式主要有吸上式、重力式和压送式三种。

喷枪的分类

名称	示意图	说明
吸上式喷枪		靠压缩空气的吸力及大气压力喷出油漆并形成漆雾，是目前应用较为广泛的喷枪
重力式喷枪	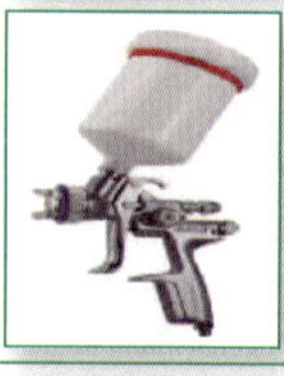	是靠漆料的重力将漆料供到喷嘴，再靠抽吸作用吸出喷嘴，广泛应用于汽车修补行业
压送式喷枪	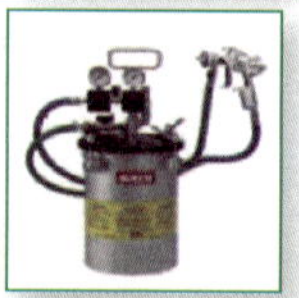	压送式喷枪的喷嘴与气帽正面平齐，不形成真空，漆料被压力压向气帽。压力由一个独立的压力罐提供，适合大型车辆整车喷涂

喷枪性能比较

类　型	涂料的供应方式	优　点	缺　点
重力式喷枪	枪壶在喷枪的上方，油漆是靠地球的引力以及压缩空气在喷嘴处产生吸力供应至枪嘴	枪壶置于喷枪的上方，使用灵活，而且涂料不同的黏度对喷涂后的差异性影响较小	枪壶的容量较小，不适合做大面积的喷涂工作
吸力式喷枪	枪壶在喷枪的下方，油漆是靠喷嘴处产生的吸力供应	由于枪壶较大，适合做大面积的喷涂作业	不同黏度的油漆会影响喷枪的吸送能力，从而产生不稳定的喷涂效果
压力式喷枪	枪壶和喷枪是分开的，油漆在枪壶内被压缩空气加压，并供应至喷嘴	容量大，适合做大面积的连续性施工，并提供灵活的喷涂效果	不适合做小面积的修补喷涂，喷枪清洗较困难

喷枪的雾化过程

漆液雾化过程

序　号	示意图	说　明
第一阶段	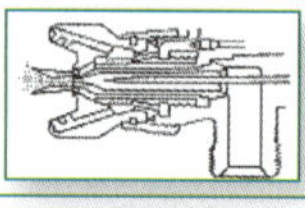	油漆被重力或空气吸力送入喷嘴，并开始被气流包围，有产生雾化的趋势
第二阶段	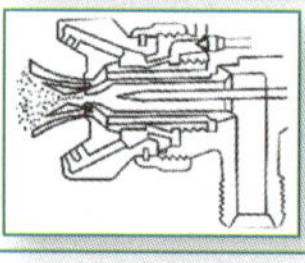	从喷嘴而来的油漆被气流包围，气流使油漆开始分散
第三阶段	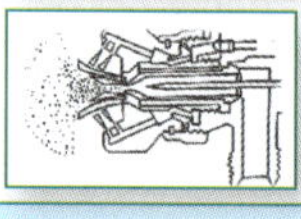	辅助雾化孔和扇幅控制孔处的气流作用在油漆上，使油漆进一步分散并形成扇形漆雾

喷枪的选用

在选择喷枪时主要有以下要求：

① 根据被涂物面积的大小选择喷枪。被涂物件大，要选用枪壶容积大的喷枪，这样喷涂的漆膜连续性好、换料时间短、效率高。

② 根据涂料的品种选择喷枪。例如喷涂溶剂型油漆时，应选择溶剂型喷枪；喷涂水性漆时最好选择水性漆喷枪。这样能更好地配合涂料的特性而进行喷涂，以保证喷涂施工的质量。

③ 根据喷涂质量要求选择喷枪。喷涂质量要求高的产品，应选用雾化性能好、操作或调整方便、可靠性强、能保证喷涂质量的喷枪。例如喷涂底漆时，要求快速达到漆膜厚度，这时应选择口径大的喷枪；喷涂色漆时，要求雾化效果要好，这时应选择口径小的喷枪。

④ 根据喷枪自身的因素选择。喷枪自身的大小、重量、空气用量、供漆量、供漆方式以及操作性能等，均是应该考虑的因素。

⑤ 喷枪口径越大，所需的空气压力越大。喷枪的口径大小与喷枪嘴空气帽的风孔是互相配合的。空气帽分为多孔型和少孔型。多孔型的空气帽，空气用量大，雾化性能好，涂膜品质也好；少孔型的空气帽，空气用量小，但雾化性能差，适用喷涂品质要求不太高的工件。

⑥ 喷涂涂料的雾化程度与喷枪的口径大小、涂料的黏度、出风孔的排风量及排列角度等有很大关系。因此，要根据不同品种的涂料选择喷枪嘴的口径和出风孔的多少。

底漆喷枪与面漆喷枪对喷枪的要求

修补类型	油漆类型	喷枪	喷涂口径	雾化气孔
局部修补	中涂底漆	重力式	1.3 ～ 1.7mm	少
	面漆		0.8 ～ 1.4mm	多
全车喷涂	中涂底漆	重力式	1.6 ～ 1.7mm	少
		吸力式	1.9 ～ 2.0mm	少
	面漆	重力式	1.3 ～ 1.4mm	多
		吸力式	1.6 ～ 1.7mm	多

喷枪在使用时应按照厂家建议及使用需要调节喷枪参数。

喷枪参数

喷枪参数	HVLP（高流量低气压）	RP（优化减压）	传统高气压
喷枪型号	SATA jet 2000	SATA jet RP	SATA jet B
建议喷气压 / Bar	2.0	2.5	4
风帽气压 / Bar	0.7	～ 1.3	～ 1.7
耗气量 / L/min	430	295	380
喷涂距离 / cm	13 ～ 17	15 ～ 23	18 ～ 23
传递效率	65%+	65%+	35%-45%
枪嘴直径选择（* 为标准型号）	1.0，1.2，*1.3，1.4，1.5，1.7，1.9，2.2	1.0，1.2，*1.3，1.4，1.6，1.8，2.0，2.5	1.0，1.4，1.5，1.7，2.0

在压缩空气供应充足且稳定的情况下，选用 HVLP 喷枪；反之，则使用 RP 喷枪。HVLP 喷枪油漆散失量少，对人身、环境危害要小于 RP 喷枪，目前有逐渐取代 RP 喷枪的趋势。

喷枪的使用与维护

喷枪的正确使用

①在喷涂施工前，首先检查并调整喷枪，使之处于良好状态，保证能正常施工。

②喷枪与被涂物表面应保持适当的距离。当喷枪与板件间的距离较短并以高速喷涂时，会使施涂膜起皱；若距离太大，可能会产生“橘皮”或干喷现象，也会影响面漆的颜色，涂料损失也大；若距离太小，则涂膜增厚，涂料起堆，容易产生流挂。一般喷枪的距离应控制在150～200mm。

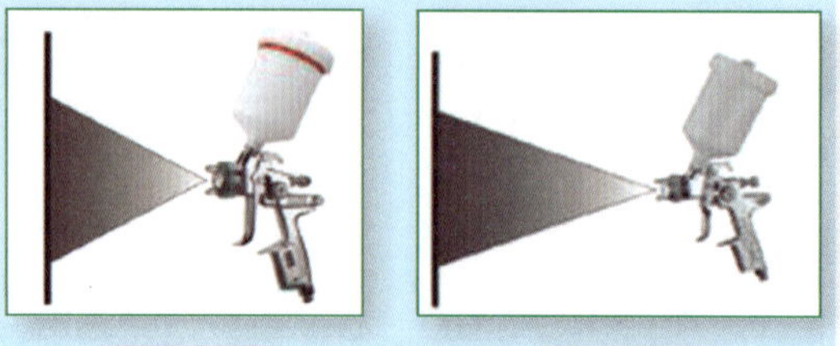

（a）距离近图 （b）距离远图

喷枪的操作距离

③喷涂作业时，喷枪与被涂物表面应该始终保持垂直。喷枪移动时，应保持水平移动。喷枪的移动方式不正确，会使涂膜厚度不均匀。

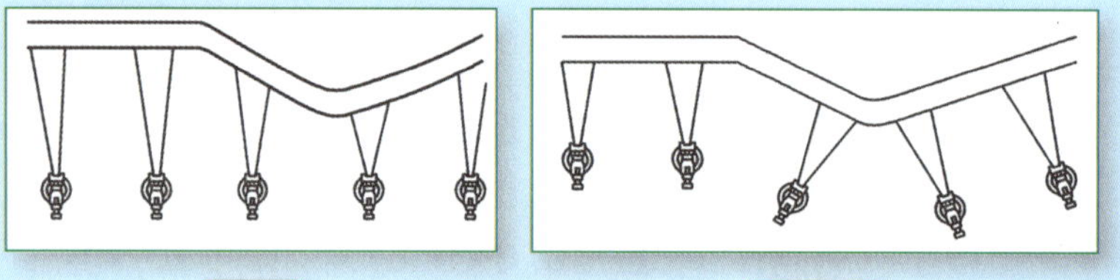

（a）正确 （b）不正确

喷枪的移动方式

④喷涂时的气压选择与涂料种类、稀释剂种类、稀释后的黏度等因素有关。传统喷枪的气压较高，一般为0.35～0.5MPa或按试喷结果确定。为适应环保的要求，目前常用的RP喷枪的气压要求约为0.25MPa，HVLP喷枪的气压要求约为0.2MPa。合适的喷涂气压，能获得良好的喷雾、散发率和喷幅。气压低，油漆雾化效果差，喷涂出来的油漆颗粒粗，油漆容易堆积，易产生“流痕”；而压力过高，溶剂可能过度蒸发，严重时会形成干喷现象。

⑤喷雾是喷枪的气压、距离共同形成的结果，应事先在试纸上测定和调整好。操作时，面对试纸，保持90°夹角并保持合适的距离，把扳机扳到底再立即放开，然后测定喷雾形状内漆液的均匀性和喷雾的形状。根据喷涂工艺要求，调节出漆量。

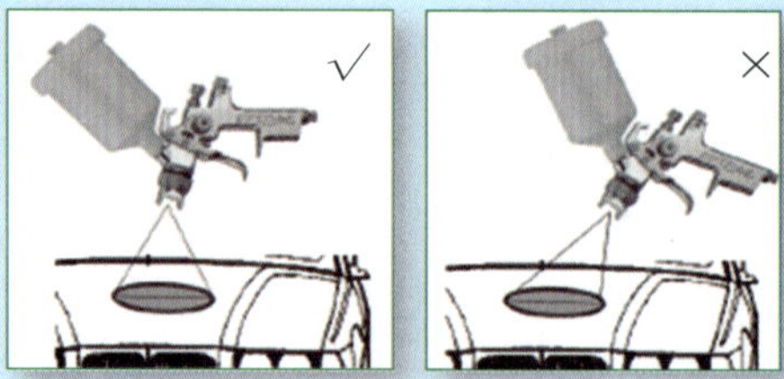

喷枪角度示意图

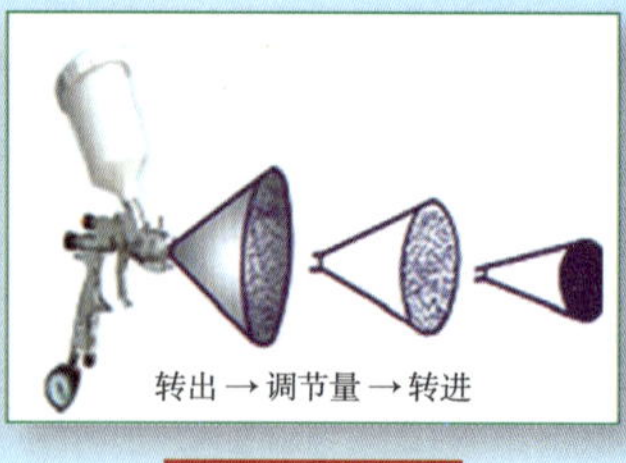

喷雾的调节方法

放松气帽的锁紧螺母，拧动气帽，使气帽角处于垂直的位置，这时气帽产生的喷雾是水平的方向。再次喷涂，这次一直扳住扳机，直到漆液往下流（这叫淹没喷雾）。检查各段流挂的长度，如果各项调整正确，各段流挂的长度应相似。

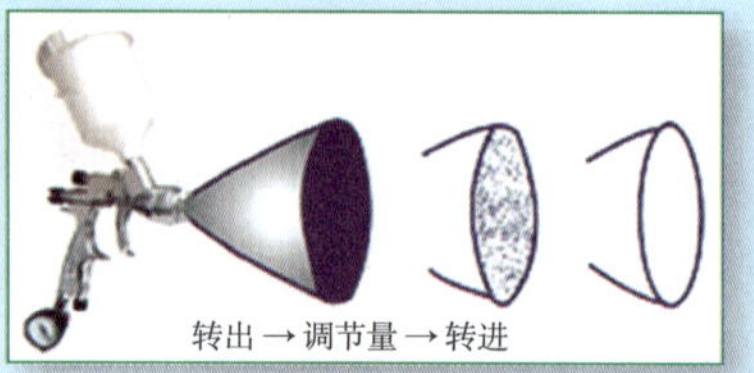

出漆量调节方法

喷枪的正确使用

如果喷束太宽或气压太低，流挂呈分开的形状，则可把喷幅控制旋钮拧紧，或把气压调高，交替进行这两项调试，直到流挂长度均匀为止。

如果流挂中间长两边短，这是因喷出的油漆太多而造成的，应把出漆量旋钮拧紧，直到流挂长度均匀为止。

流挂均匀

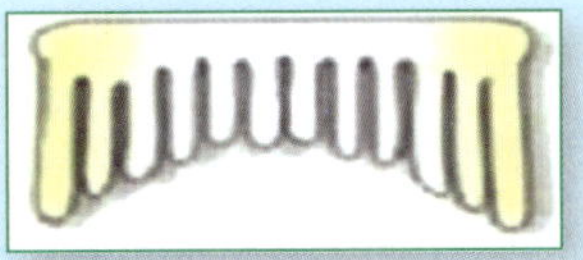
流挂两边长

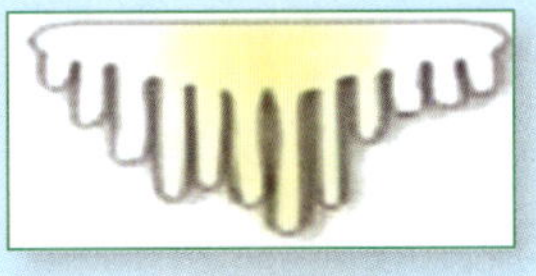
流挂中间长

⑥ 喷枪的移动速度与涂料的干燥速度、环境温度和涂料的黏度有关。移动速度一般为0.8 ～ 1.2m/s。移动速度过快，会使涂膜粗糙无光，流平性差；移动速度过慢，会使涂膜过厚，易产生流挂。移动速度应尽量均匀一致，否则涂膜厚薄不均匀。在喷涂过程中，绝不能让喷枪停着不走，否则会产生流挂。

⑦ 喷涂时，枪幅之间要有重叠。重叠方法有纵行重叠法、横行重叠法和纵横交替法。喷涂的路线应按从高到低、从左到右、从上到下、先里后外的顺序进行。应按计划好的行程稳定而均匀地移动喷枪。

对于一些难以喷涂的部位，例如拐角或边缘等处，要先喷涂。操作时正对着要喷涂的部位，将所有边缘或拐角处都喷好后，再喷涂水平表面。喷涂竖直表面时，通常是从表面的最上端开始喷涂，喷嘴与上边缘齐平，喷枪重叠幅度应为第二层及上一层的1/2 ～ 3/4或1/3 ～ 2/3。

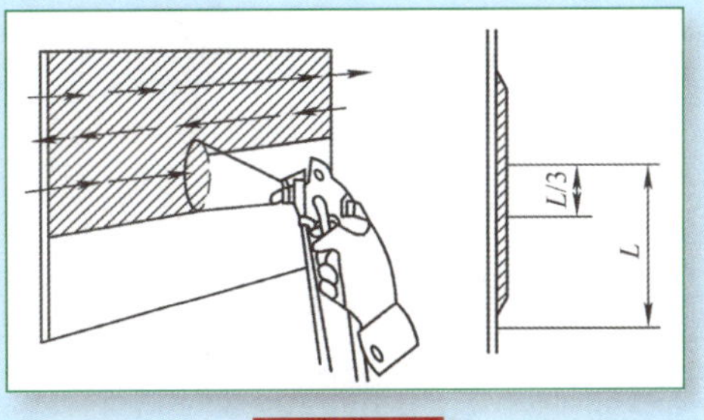

喷枪重叠幅度

喷枪的维护

喷枪在使用完后应立即清洗，以保证喷枪的性能处于良好的状态，除此之外，还应定期检查喷枪的各部件，对出现问题的部件应及时维修或更换。

喷枪的维护项目

序号	项目	步骤
1	空气帽的清洗	① 把空气帽拆下，浸泡在清洁的稀释剂里 ② 用专用的毛刷刷洗气孔，最后用压缩空气吹干 ③ 将气帽装配调试，看雾化情况，决定是否再清洁
2	虹吸式喷枪和喷杯的清洗	① 从喷枪上把喷杯拆下，此时还有漆液在物料管中，将其留在喷杯中不要拿开，松开空气帽2 ～ 3圈 ② 拿一块布罩在空气帽上，扳动扳机。此时空气从物料管内通过，将残留的物料管中的物料冲回到喷杯内，倒掉喷杯内的物料 ③ 用刷子蘸溶剂将喷杯刷洗干净，最后用蘸有清洁剂的抹布将喷杯擦拭干净 ④ 将清洁的溶剂倒入喷杯内（大约1/3左右），通过喷枪喷溶剂以清洗液体物料管，最后用抹布蘸清洁的溶剂将喷枪擦拭干净

喷枪的维护

序号	项目	步骤
3	压送式喷枪的清洗	① 关闭涂料罐的压缩空气，打开泄压阀，松开空气帽 2-3 圈 ② 用布罩在空气帽上，扳动扳机，使涂料从软管回到涂料罐中 ③ 清洗涂料罐并加一些溶剂在涂料罐内 ④ 把涂料罐再安装好，打开所有的空气阀，扳动扳机，使溶剂通过软管流动，以达到清洁软管的目的 ⑤ 清洗喷枪和空气帽，最后清洗涂料罐，使用前装配好
4	喷枪的注油	① 如果每一天都使用喷枪，则要在有弹簧的部位加一点轻润滑脂，如控制出漆量的顶针弹簧和空气阀的弹簧，每年加注两次 ② 如果每周使用喷枪 2 ～ 3 次，则每年加注一次 ③ 每天使用完喷枪后，都要在喷枪的其他零部件处加注几滴轻润滑油

喷枪的常见故障及排除方法

标准喷幅	倾向一边的圆形喷幅严重弯曲	喷幅不连续，跳动	喷幅破裂，呈燕尾状	喷幅朝一边扭曲
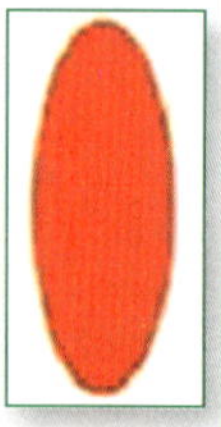	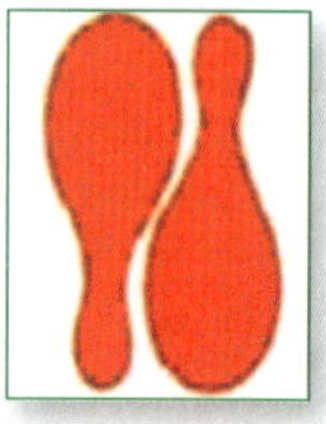	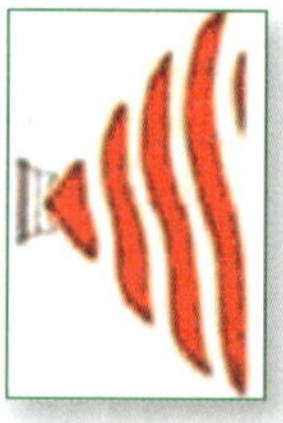	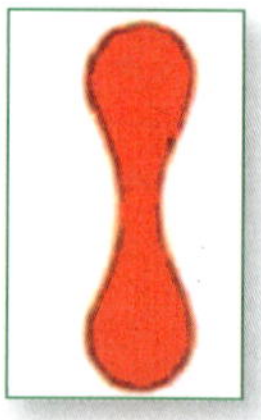	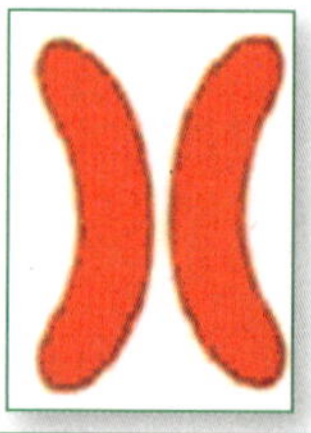
	雾化孔没有清洁干净，用专用的喷嘴或更换喷嘴组	喷嘴或者枪针松，应旋紧；枪壶通风口堵塞，应清洁	稀释剂太多，气压太高，喷幅太宽	有一边的雾化孔不干净，清洁雾化孔。如有必要，更换喷嘴组

第五节　烘烤设备的使用与维护

使用工具与设备

使用的工具

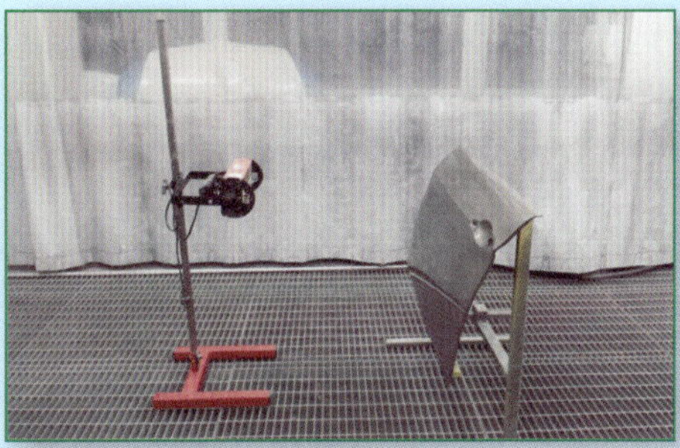

实习场景

实施步骤

烘烤设备的使用方法

作业内容及技术要求		图　解
1. 检查工具、设备	查看喷烤房、烤灯是否完好达，耗材是否足够。 **温馨提示** 喷烤房、烤灯使用的是 220V 交流电，注意用电安全。	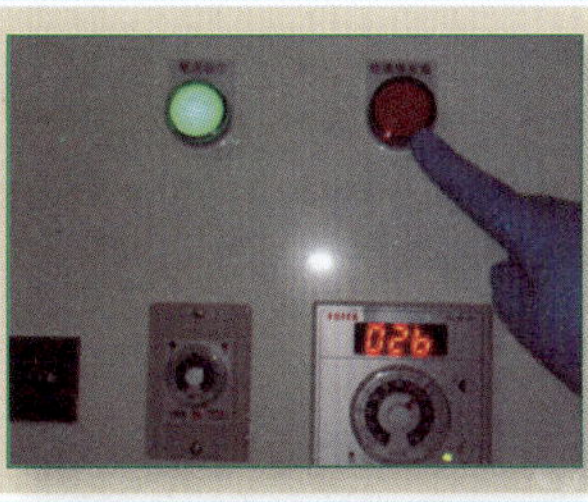
2. 烤房使用（喷漆时）	先打开烤房电源开关，再打开照明开关，最后将功能旋钮打到喷漆档。	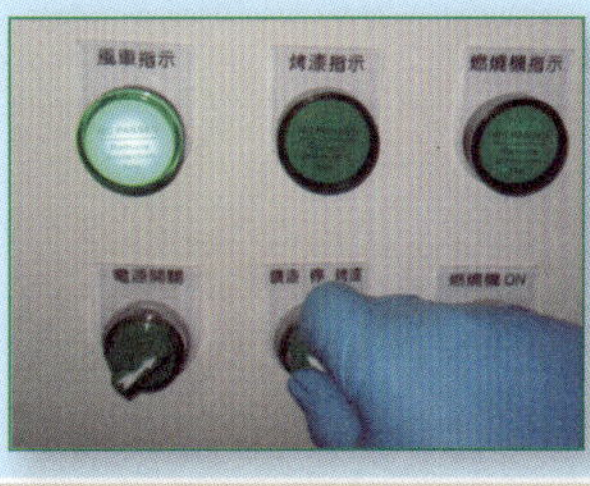
3. 喷烤房使用（烘烤时）	先打开喷烤房电源开关，再打开照明开关，设置烤漆时间后再设置烘烤时间，将功能旋钮打到烤漆档，启动燃烧机。 **温馨提示** 在烘烤时，观察故障指示灯是否点亮。如果故障指示灯亮，则应及时查出故障并排除。	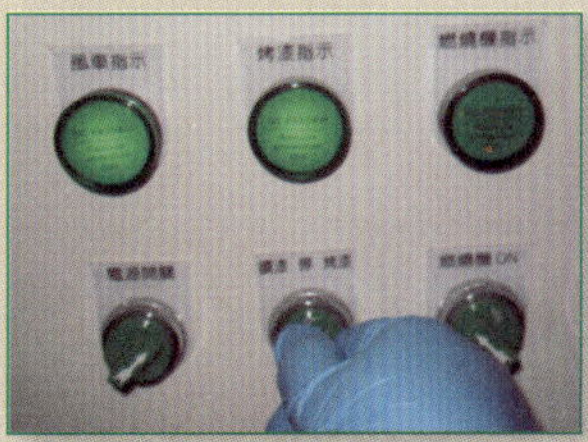

4. 短波红外烤灯使用	连接好外部电源，打开电源，设置全灯管工作，再设置辐射方式是常态工作，设定烘烤时间，设定烘烤距离（现在的烤灯有感应器，只要达到距离，绿灯就亮；若过近，则红灯亮；若过远，则黄灯亮），启动开始按钮。	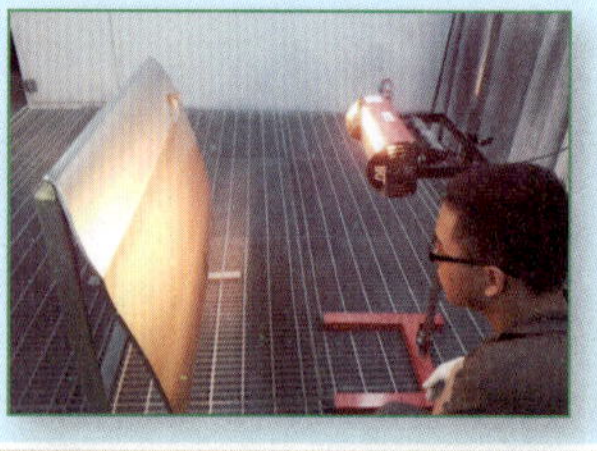
5. 喷烤房、烤灯使用完毕	进行设备和场地的 5S 整理工作。	

知识链接

汽车涂装作业中，主要的烘烤设备有烤房和烤灯。合理地应用烘烤设备，既能保证修补质量又可提高生产效率。下面就上述设备做详细介绍。

烧漆房与辐射干燥设备

烤漆房	作用及分类	烤漆房是用来固化、烘干涂膜或加快自干漆涂膜的固化设施。目前常用的烤漆房有热空气对流干燥式（通常对溶剂型涂料进行干燥）、红外线辐射干燥式（通常对水溶性涂料进行干燥）、紫外线辐射干燥式（通常对 UV 漆进行干燥）。  热空气对流干燥式 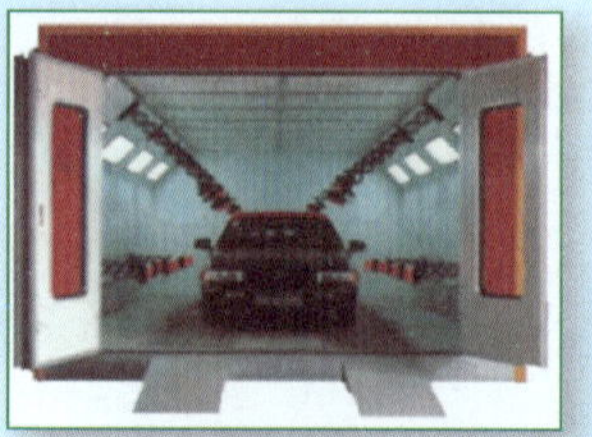 红外线辐射干燥式
	基本要求	① 进入烤漆房的空气，必须经过过滤，以保证空气中无尘。在严冬时，过滤后的空气还需适当加温，达到烤漆房施工工艺的要求。 ② 空气在室内的流动方向必须采用下行式，即空气由天花板流向地面。 ③ 对于溶剂型的烤房，要求喷涂时烤房的进风量在 $12000m^3/h$；对于水性漆的烤房，要求进风量在 $18000m^3/h$； ④ 烤漆房应与外部环境有效隔离，防止外界的灰尘乘虚而入。 ⑤ 烤漆房内的空气，应过滤后排到外面大气中，以防止对环境的污染。 ⑥ 烤漆房在工作时应始终保持烤房内的压力大于烤房外的压力，即维持室内处于正压状态，防止外界灰尘进入室内。一般要求室内气压与室外气压的压力差保持在 4 ～ 12Pa：气压过小，灰尘有进入室内的可能；气压过大，会导致烤房门关闭困难，甚至影响喷涂质量。 ⑦ 烤漆房内的噪声不允许超标，一般规定烤漆房内的噪声应小于 85dB。 ⑧ 烤漆房内应有灭火装置，要符合油漆厂安全防火的要求。 ⑨ 水性漆对压缩空气的要求较高，在喷涂水性漆时，要求烤房内配备三节管油水分离器。
	工作状态	一般烤漆房有两种工作状态：喷漆状态和烤漆状态。在喷漆时，外部空气经过初级过滤网过滤后由风机送到房顶，再经过顶部过滤网二次过滤净化后进入房内。房内空气采用下行式送入烤房，空气以 0.2 ～ 0.3m/s 的速度向下流动，使喷漆后的漆雾微粒不能在空气中停留，而直接通过底部出风口被排出房外，这样不断地循环，使喷漆时房内空气的清洁度达 98% 以上，从而最大限度地保证喷漆的质量。

烤漆房

烤漆时，风机将外部新鲜空气进行初过滤后，与热能转换器发生热交换后送至烤漆房顶部的气室，再经过第二次过滤净化，送入烤房。热风经过风门的内循环作用，除吸进少量新鲜空气外，绝大部分热空气又被继续加热利用，使烤漆房内的温度逐步升高。当温度达到设定的温度时，燃烧器自动停止；当温度下降到设置温度时，风机和燃烧器又自动开启，使烤漆房内的温度保持相对恒定。最后，当烤漆时间达到设定的时间时，烤漆房自动关机，烤漆结束。

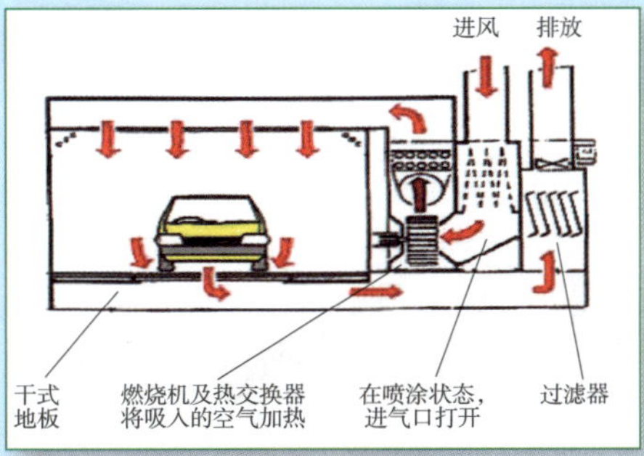

喷漆原理图

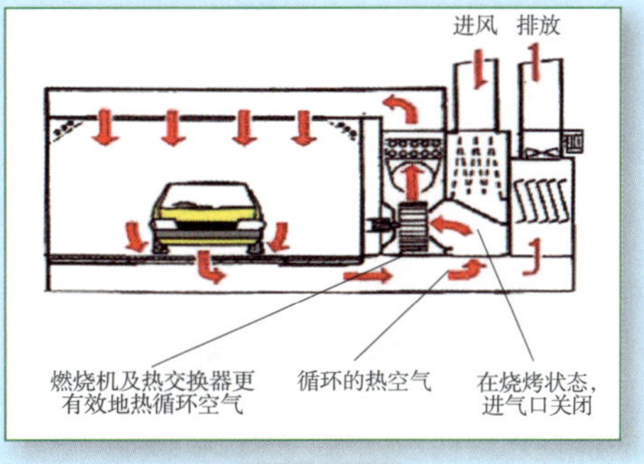

烤漆原理图

烤漆房在使用时应做好日常维护，维护时应：

① 烤漆房内的墙壁应喷涂保护液，以吸附漆尘，防止污染墙壁并定期做好清理工作。

② 每星期清洁进风隔尘网，检查排气隔尘网是否有积塞。如房内气压无故增加时，必须更换排气隔尘网。

③ 每工作 150h 或烤漆房内压力超过内压上限时，应更换地棉。

④ 每工作 300h 或烤漆房内压力低于内压下限时，应更换进风隔尘网。

⑤ 每月清洁地棉地板，并清洗燃烧器上的柴油过滤装置。

⑥ 每个季度应检查进风和排风电动机的传动带是否松弛。

⑦ 每半年应清洁整个烤漆房，检查循环风活门、进风及排风机轴承。

⑧ 每年应清洁整个热能转换器，包括燃烧室及排烟通道，每年或每工作 1200h 应更换烤漆房顶棉。

除了对烤房的日常保养之外，涂装作业人员还应能及时查明或排除烤漆房常出现的故障，保证工作的正常开展。

烤漆房常见故障及排除方法

故障	可能原因	排除方法
燃烧机启动 15s 后，故障指示灯亮	① 油箱缺油 ② 油管接头处有漏气 ③ 进油管上的滤网太脏	① 把油箱装满油 ② 把油管重新接好 ③ 清洗滤网
燃烧机电动机不转动	① 已到设定时间 ② 温度表所显示的温度到设定温度 ③ 油泵卡死	① 重新设定时间 ② 重新设定温度 ③ 检查油泵转轴是否有杂物或油渣
喷漆时风量偏小	① 第一道过滤棉堵塞 ② 风阀处于打开状态	① 清洁每一道过滤棉 ② 检查风阀是否动作
烤漆时升温慢	① 风阀没有打开	① 检查风阀是否动作
主风机不启动	① 熔丝熔断 ② 热继电器离位 ③ 电器短路	① 更换熔丝 ② 按下复位按钮 ③ 更换电动机

辐射干燥设备

辐射是热传递的一种方式，这种加热方式是将热量转变为各种波长电磁振动的辐射能，其过程称为热辐射。利用热辐射干燥物体的方法干燥，以红外线为辐射热源的干燥设备，称为红外线干燥。

日光通过棱镜片折射后可看到赤、橙、黄、绿、青、蓝、紫七色可见光。在红色和紫色两端还存在着不可见光，即红外线和紫外线，它们都是电磁波，区别仅是波长不同。

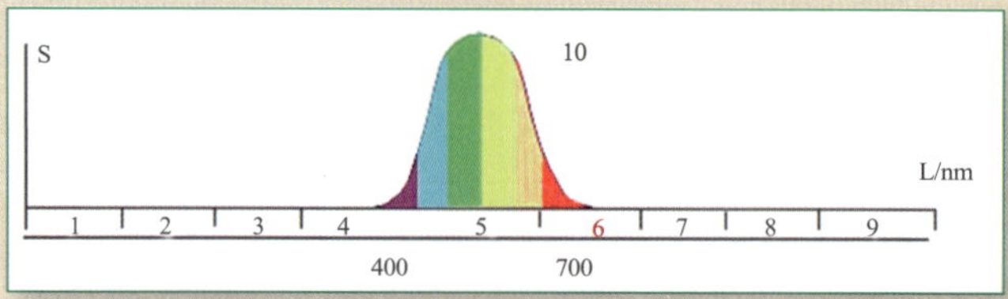

电磁波光谱图

1－宇宙射线 2－伽马射线 3－X射线 4－紫外线 5－可见射线 6－红外线 7－无线电波－短波 8－无线电波－中波 9－无线电波－长波 10－人眼感光曲线 L－波长纳米 S－人眼感光强度

1. 红外线的干燥特点

① 干燥速度快并由内向外干燥，溶剂易挥发，缩短干燥时间；
② 干燥质量好，涂层干燥均匀，可避免产生针孔、气泡等缺陷；
③ 升温速度快，大大缩短烤干的时间；
④ 红外干燥设备结构简单，效率高，节约设备投资和占地面积；
⑤ 红外辐射具有方向性，可用于局部加热；
⑥ 红外线以直线运行，因此要尽量使工件表面受到红外线的直接照射，才能取得良好效果。

2. 工作原理

长波红外线在加热时对漆膜的穿透力差，会使被加热的漆面表干里不干；中波红外线穿透力一般，不能以表面干燥来判断整个漆膜的干燥；短波红外线的穿透力强，加热过程是由内向外干燥，漆膜干燥彻底，效率高，是目前应用最广泛的干燥设备。

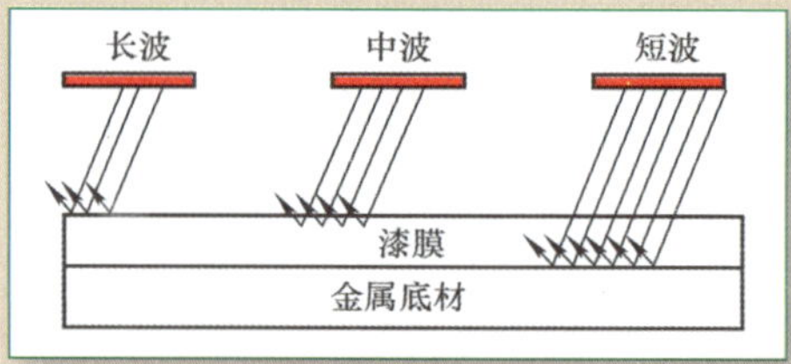

红外线穿透漆膜

3. 干燥速度的决定因素

① 辐射源与受热面的距离应根据涂层厚度和环境等状况，参照厂家设备说明书选择。
② 受照射面的反射率和吸收率取决于物质的颜色，不同颜色的物体对红外线的吸收率不同，深色比浅色的干燥快。
③ 涂装工件越重，干燥时热量消耗多，干燥越慢。

第四章 ↘ 常规涂装工艺

第一节　清洁

使用工具与设备

使用的工具

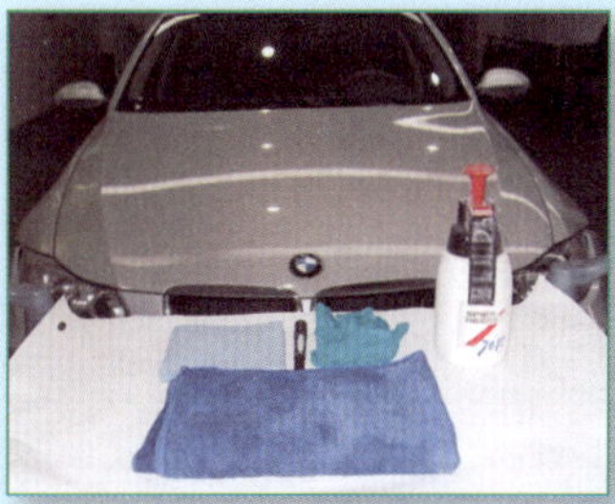

实习场景

实施步骤

清洗步骤

步骤、作业内容及技术要求		图　解
1. 车辆清洗	用洗车机将车辆彻底清洗，并使用洗车毛巾将水迹擦拭干净，其目的是洗掉水溶性污染物，方便损伤评估。 **温馨提示** 操作人员身上不要佩戴锋利、坚硬的饰品，以免损伤漆面、汽车装饰品等易伤物品；洗车毛巾使用前应检查是否干净，是否有异物。	
2. 检查未洗掉的污染物	绕车检查用水无法清洗掉的污染物，并判断是哪一类污染物。 **温馨提示** 操作人员在污染物清洗不掉时，切勿用力擦拭，以免损伤漆面。	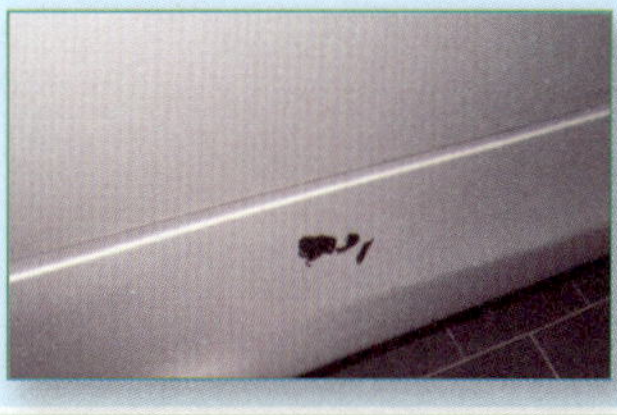
3. 穿戴防护用品	使用清洁剂清除漆面污染物时，应选用合适的安全防护用品，如护目镜（可防止除油剂溅入眼睛）、防毒面具（可过滤有害物质）、耐溶剂手套（可保护皮肤）等。 **温馨提示** 切勿因为麻烦而不穿戴防护用品。	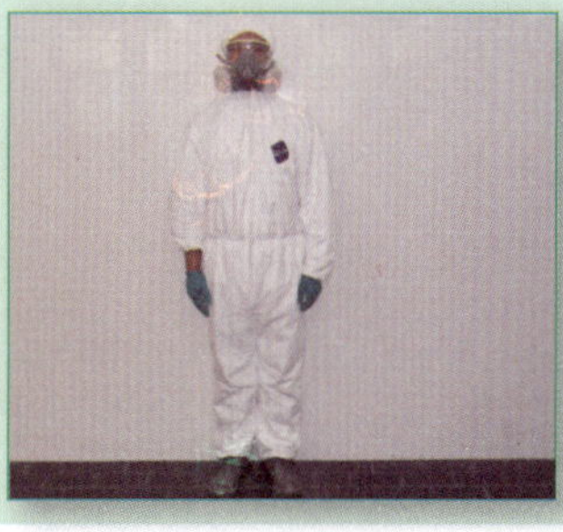

4. 使用清洁剂清洁	如果车辆上有油性污染物，则可使用除油剂来清除。此处我们选择的是德国施必快 7010 除油剂。 温馨提示 在喷洒前，应检查喷嘴是否松动，如有松动应拧紧，切勿对着人喷洒。如清洁剂不慎洒入眼睛应立即用水清洗，并送医院治疗。	
5. 使用擦拭纸擦拭	用擦拭纸擦拭洒有清洁剂的部位，以清除污染物。 温馨提示 在擦拭时需要让清洁剂静置，产品不同，静置时间也有所不同，可参观产品说明。	
6. 使用记号笔标出损伤部位	车身清洁干净后即可对车身进行检查，找出损伤部位，并用记号笔标注出来，为后续修理做准备。	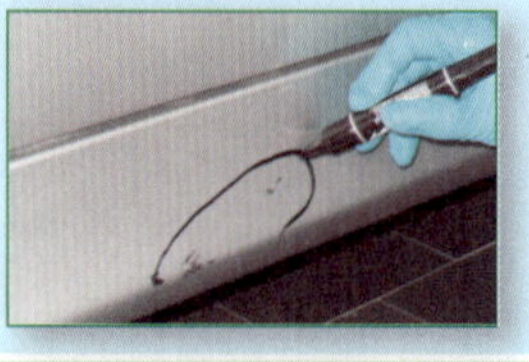
7. 任务完成	进行工具和场地的 5S 整理工作。	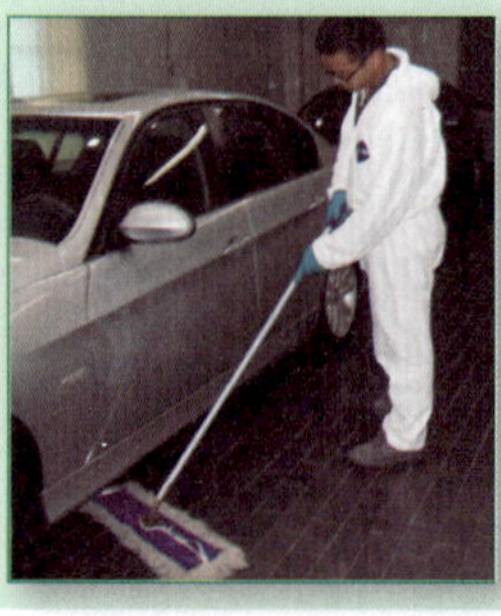

知识链接

清洁的作用及方法

清洁的作用	在整个涂装维修中，各个环节都离不开清洁，可见清洁在涂装维修中的重要性。在不同的工序中，清洁的作用也是不同的。	
	1. 清洁车身，便于损伤区域的检查	车辆在进车间之前应清洗干净，这样可以防止将污染物带入车间。当车辆进入车间后，也便于维修人员对车身损伤部位进行检查。在检查时，若发现工单上没有记录的新伤，应及时和接车人员联系，并告知客户。在检查车辆时应绕车一圈，关键在于找出需要修补的损伤处。检查维修区域时，确定维修区域的底材和工作步骤、流程和产品，以及需要使用的清洁剂。  车辆清洁 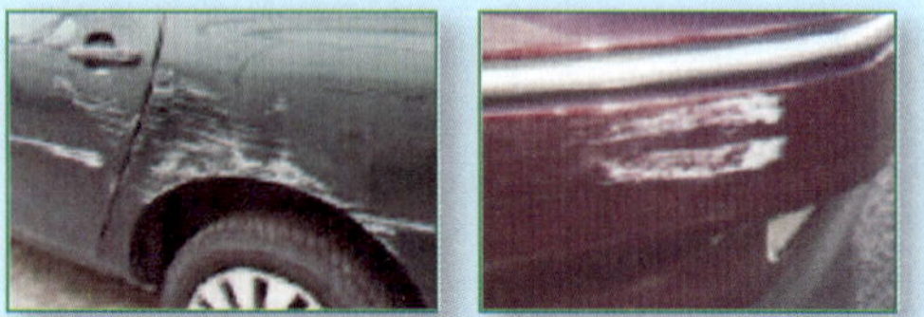 检查受损区

清洁的作用

2. 清洁漆膜上的污物，防止漆膜产生缺陷

车辆所用油漆对油污、水分、汗渍等敏感，这些污物残留在漆膜上会导致漆膜产生缺陷、弊病。如油污会使漆膜产生“鱼眼”的毛病，水残留在漆膜上会使漆膜起泡等。另外，灰尘、颗粒等脏物如果留在漆膜上，会导致尘点等弊病。彻底的清洁是保证完美漆膜的前提，是防止漆膜产生缺陷的简洁方法之一。

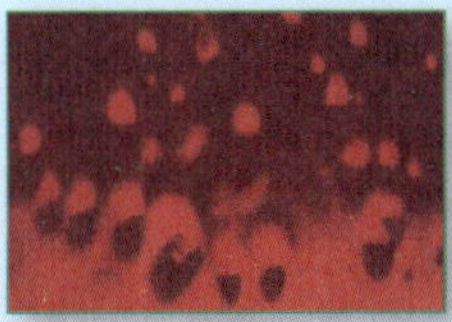
鱼眼

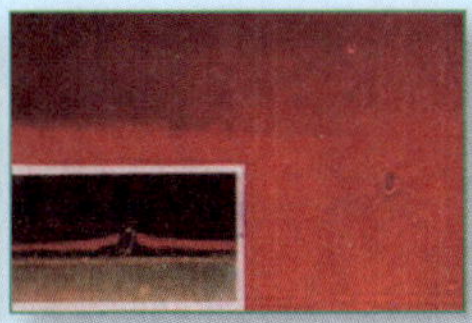
尘点

起泡

3. 为涂装施工准备良好的底材

根据底材的实际情况，在预处理中应使用不同的清洁剂，以彻底清除可能影响涂层效果的表面污染物，为涂装施工准备良好的底材。如钢铁材料已锈蚀，则必须用除锈水或打磨机清除干净；塑料件容易积累电荷，需用除静电的清洁剂彻底清洁；等等。

清洁的方法

现代汽车车身除满足强度和使用寿命的要求外，还应满足性能、外观、安全、价格、环保、节能等方面的要求。在20世纪80年代，在轿车的整车质量中，钢铁占80%，铝占3%，树脂占4%。自1978年世界爆发石油危机以来，作为轻量化材料的高强度钢板、表面处理钢板的使用量逐年上升，有色金属材料总体有所增加，其中，铝的增加明显，非金属材料也在逐步增长。近年来，高性能工程塑料、复合材料，不仅替代了普通塑料，而且品种繁多，在汽车上得到了广泛的应用。材料不同清洁方法也不同。

常见修补底材

清洗汽车时，肥皂、水和水性清洁剂是去除水溶性污染物的解决方案，而非水溶性污染物只能通过专门的清洁剂才能去除。专业化学清洁剂可以去除硅脂、蜡、油脂和油渍。修补漆主要遇到下列三种类型基底。

底材	种类	常见污染物	选用清洁剂
旧漆面	原厂漆	保护蜡中的硅油	除硅、除油清洁剂
	修补漆涂层	树脂、盐 灰尘、鸟粪	水 除硅、除油清洁剂
	新电泳底漆层面板	保护液、油	除硅、除油清洁剂
金属	钢板	锈蚀、油污	金属清洁剂 除硅、油清洁剂
	镀锌钢板	氧化锌、油污	金属清洁剂 除硅、油清洁剂
	铝	氧化铝、油污	金属清洁剂 除硅、油清洁剂
塑料	热塑性	脱膜剂 静电	塑料清洁剂 除硅、油清洁剂 除静电清洁剂
	热固性	脱膜剂 静电	塑料清洁剂 除硅、油清洁剂 除静电清洁剂

塑料表面无气孔，带有残留脱膜剂。由于硅油可用于为大部分塑料器件脱模，因此须用专业塑料清洁剂多清洗几次。水溶性脱膜剂的运用正日益广泛，但这种脱膜剂只能用水去除。因此，第一步就是用温的肥皂水清洗塑料。若在清洗步骤之间适度地短时间加热，效果将更佳。不同底材的清洁方法，见下表。

清洁的方法	塑料底材	塑料	塑料清洁剂	1x	损伤区域 P80～P600 其余部分使用百洁布	塑料清洁剂	1x	擦干	泡沫塑料和聚酰胺必须加热 1h（去除脱膜剂和水分） 擦干
		GRP/SMC	塑料清洁剂	1x	擦干	P180～P240	塑料清洁剂	1x	擦干
	金属底材	钢板	金属清洁剂	1x	擦干	P80～P150	金属清洁剂	1x	擦干
		镀锌钢板	金属清洁剂	1x	擦干	百洁布	金属清洁剂	1x	擦干
		镀锌钢板	金属清洁剂	1x	擦干	P150～P180	金属清洁剂	1x	擦干
	旧漆膜/新原厂件	新件原底漆	除硅、蜡清洁剂	1x	擦干	百洁布或 P240～P320	除硅、蜡清洁剂	1x	擦干
		旧漆膜	除硅、蜡清洁剂	1x	擦干	P240～P320	除硅、蜡清洁剂	1x	擦干
		溶剂敏感漆	除硅、蜡清洁剂	1x	擦干	P240～P320	1x	擦干	

第二节　损伤评估

使用工具与设备

使用的工具

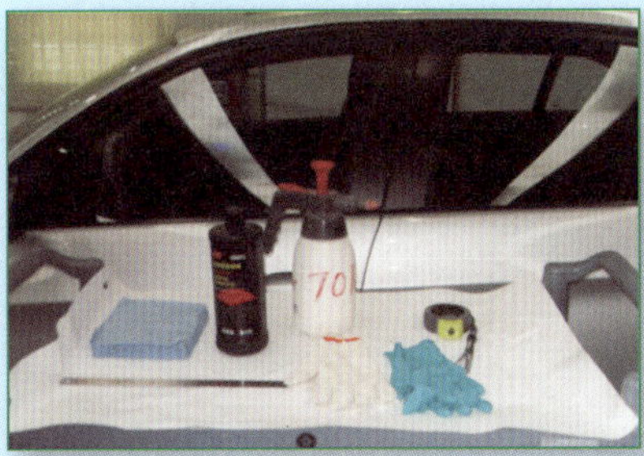

实习场景

实施步骤

损伤评估的步骤

步骤、作业内容及技术要求		图　解
1. 直尺测量损伤程度	在已经清洁结束的车辆上对损伤部位进行评估。先使用直尺测量损伤程度。测量时直尺水平压在板件上，目测凹陷的大小，观察是否需要整形，并基本确定刮涂原子灰的量。 温馨提示 直尺不能有变形、毛刺。	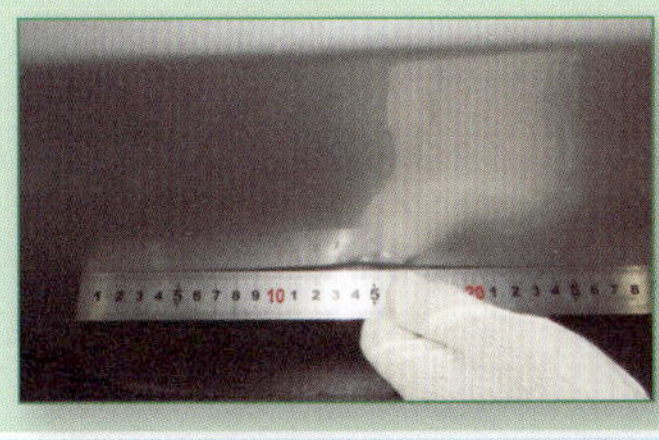
2. 手摸损伤部位，判断损伤程度	为准确判断损伤程度，还可以利用手去摸损伤部位，判断损伤面积及凹陷程度，并利用眼睛观察相邻板件是否受到影响。 温馨提示 用手感觉损伤程度时最好戴上手套，这样更方便损伤评估。	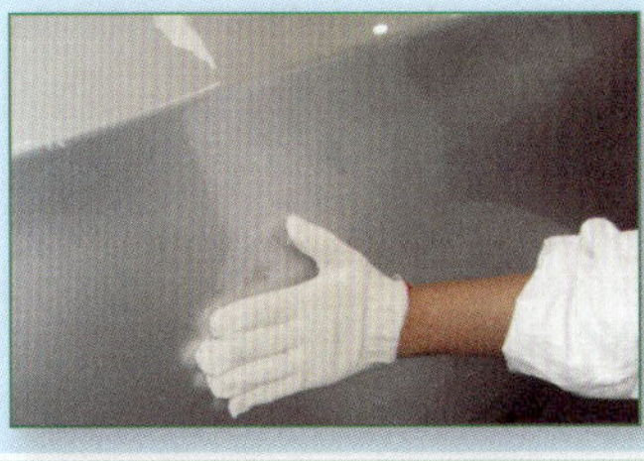
3. 使用抛光蜡判断漆膜类型	使用抛光蜡对漆膜类型进行判断，为后续的工艺做准备。 温馨提示 使用细蜡擦拭。	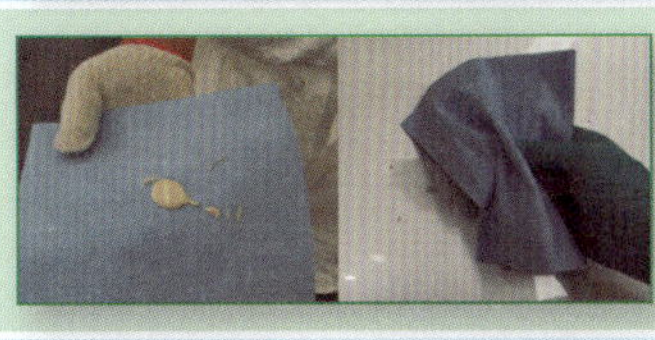
4. 使用溶剂判断油漆类型	使用溶剂对油漆类型进行判断，为后续采用何种工艺做准备。如果漆膜被溶解，则应在后续中清除掉。 温馨提示 在此步骤中应佩戴相应的防护用品。	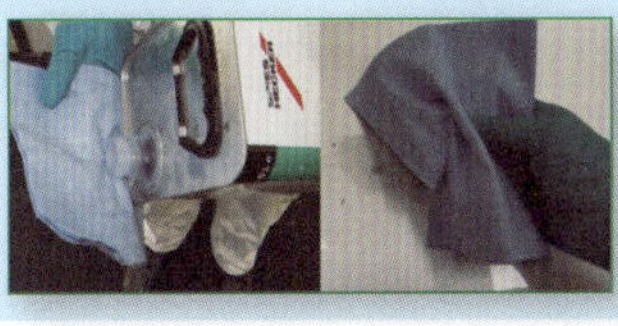

5. 使用膜厚仪判断漆面状况	膜厚仪的作用主要是判断车辆是否有过维修。当漆膜的厚度超过原厂标准值时，即可判断该车已进行过维修，这会直接影响后续修复的时间和成本。 温馨提示 膜厚仪在使用前应先校准。	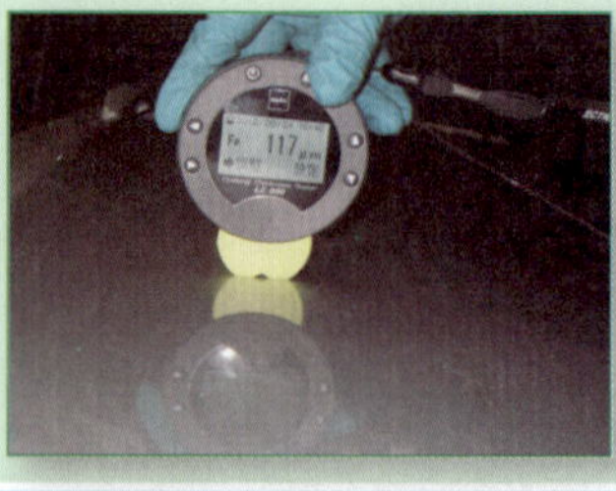
6. 确认损伤范围，制定修复计划	根据以上的评估确认损伤范围，并制定出修复计划方案。	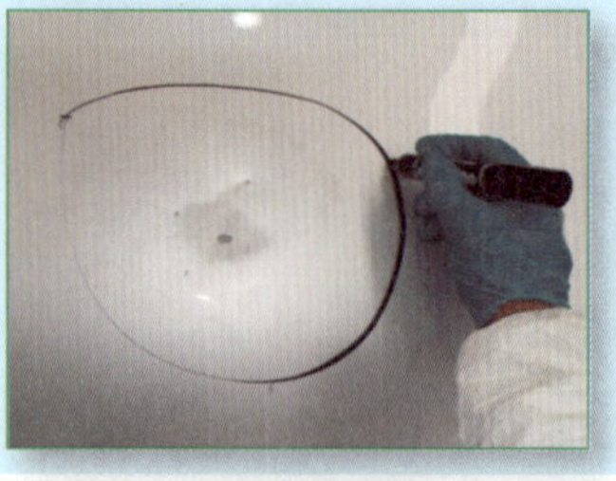
7. 任务完成	进行工具和场地的 5S 整理工作。	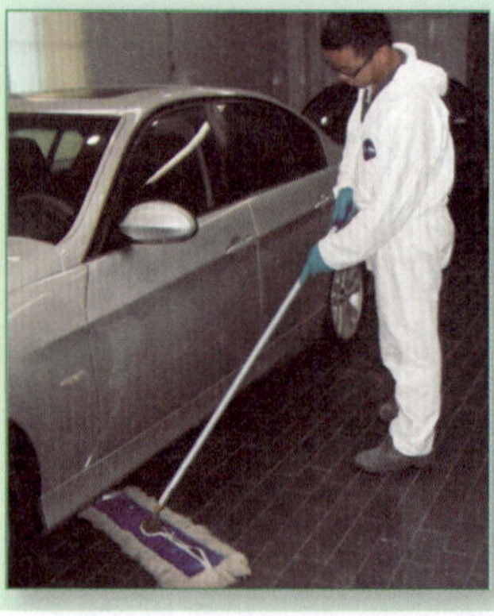

知识链接

做完车辆清洁后就要进入车辆损伤部位评估阶段。车辆损伤评估是更好、更快、更合理维修车辆的前提，是选择恰当维修工艺的关键。损伤评估的内容一般包括损伤部位、损伤程度、以前的修理状况及底材是什么材料等内容。

车辆损伤部位评估步骤

损伤部位

损伤部位不同，所用时间及工艺也不同。下图将车身分为三个不同的区域，即 A、B、C 三个区，如果损伤部位处在 A 区，则无论损伤轻微还是严重，都不建议做快修；如果损伤部位在 B 区，则可以视情况而定，轻微损伤可以做快修，损伤严重时则不建议做快修；如果损伤部位在 C 区，则适合做快修，但严重损伤则不建议做快修。

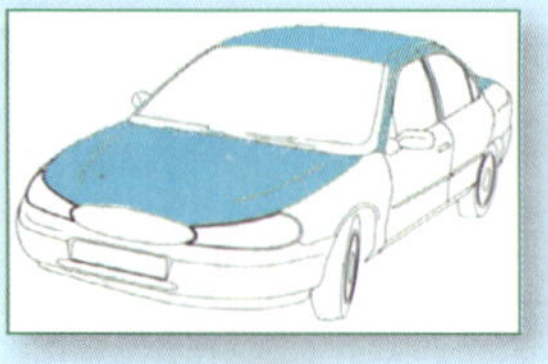

A 区

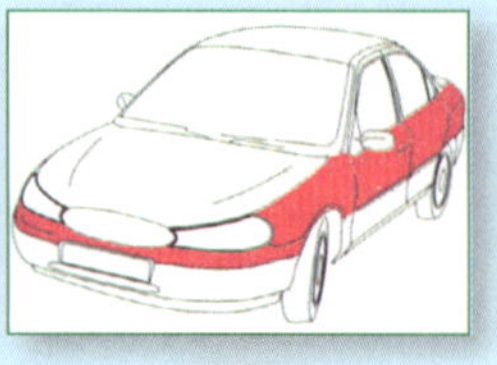

B 区

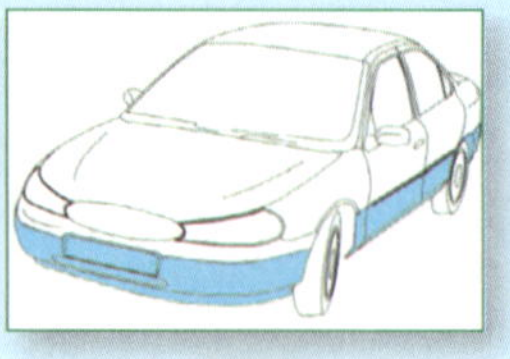

C 区

<table>
<tr><td>损伤程度</td><td colspan="2">车身的损伤程度是影响维修时间的重要因素。检查工件的损坏情况，严重的送回钣金重新较正。对于损伤程度的评估，一般有以下三种方法：</td></tr>
<tr><td rowspan="3">损伤程度</td><td>目测就是用眼睛去观察损伤的情况。在观察的时候要选择光线充足的地方或者在检测灯的帮助下观察。观察时要迎着光线，分不同角度评估，并用记号笔做好标记</td><td>
目测</td></tr>
<tr><td>手摸是用手去检查损伤的程度。在触摸损伤部位时最好戴上手套，并从多个方向仔细检查.在检查时注意身上佩带的手表、戒指等硬物，防止划伤漆面</td><td>
手摸</td></tr>
<tr><td>尺量是利用直线尺测量损伤部位的损伤程度。在用尺子量的时候要把尺子贴紧车身，从未损伤部位开始拉向损伤区域，观察损伤部位的损伤程度</td><td>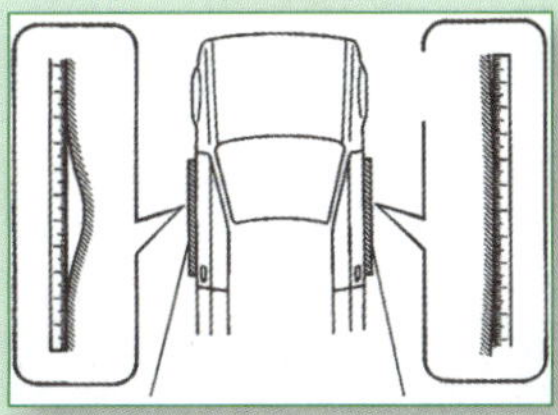
尺量</td></tr>
<tr><td rowspan="2">漆膜状况</td><td colspan="2">车辆如果曾维修过，则要判断之前的修理状况。检查以前的修理状况主要是检查油漆类型、涂膜类型及漆膜厚度。
单组分油漆可还原，用稀释剂擦拭损伤区的漆膜，如果掉色，说明油漆是单组分油漆；如果用稀释剂擦拭损伤区漆膜不掉色，则说明油漆是双组分油漆。使用单组分油漆的耐久性及耐溶剂性差，建议清除或用双组分油漆覆盖。

单组分、双组分油漆鉴别</td></tr>
<tr><td colspan="2">使用白色棉布（棉花）配合细抛光蜡擦拭涂层表面。如果漆膜掉色，则是单工序涂层；如果漆膜没有颜色掉落，则是双工序涂层。
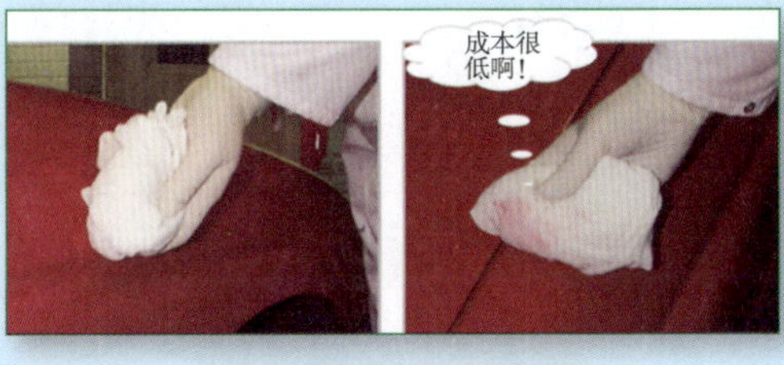

单工序、双工序涂膜鉴别</td></tr>
</table>

第三节 研磨羽状边

使用工具与设备

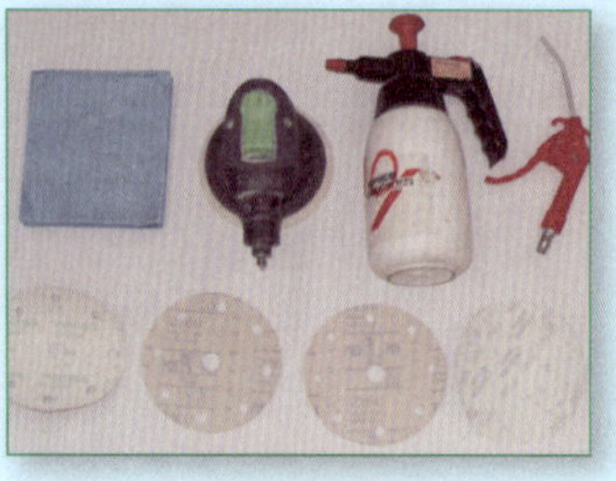

使用的工具

实习场景

实施步骤

研磨羽状边的步骤

步骤、作业内容及技术要求		图解
1. 清洁损伤部位	在施工前要对损伤部位进行清洁，以防止油污影响砂纸寿命，同时防止灰尘带进实操区 温馨提示 在使用除油剂时应佩戴防毒面具、耐溶剂手套，应始终穿戴好工作鞋和工作服。	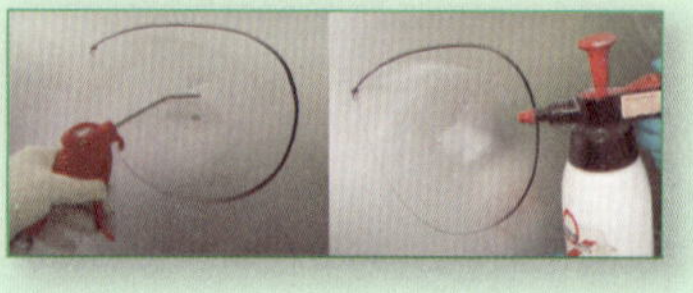
2. 设备选用	清除旧漆层应选用 7# 研磨机配合 P80 砂纸进行研磨。 温馨提示 研磨机偏心越大，研磨效率越高，砂纸痕越粗。在选择时要根据工作内容选择。	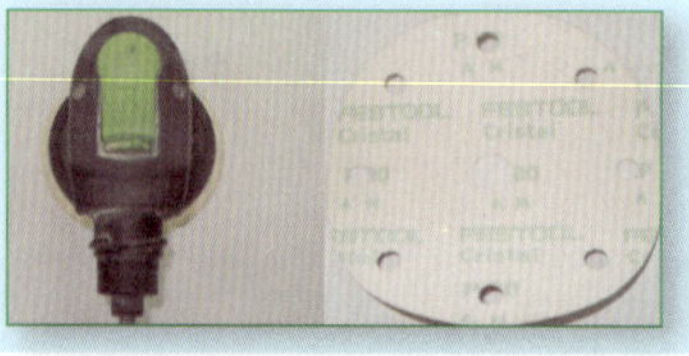
3. 设备调试	将干磨机控制开关打到“AUTO”档，把砂纸贴在干磨头上，测试干磨机运转情况。如果运转无力，则按照厂家要求检查相关部件参数是否设置在规定范围内。 温馨提示 砂纸上的吸尘孔要和干磨头吸尘孔对齐，否则会影响吸尘效果、电动机寿命，还会使磨头毛毡磨损。	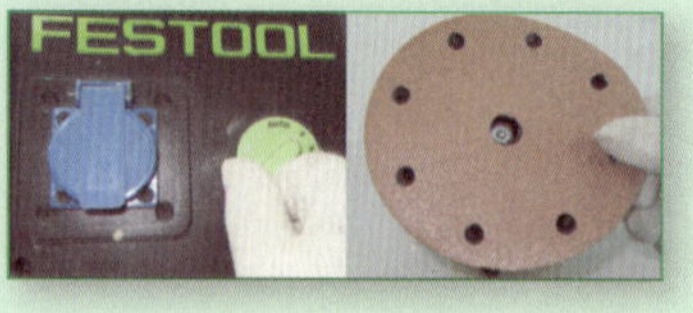
4. 清除旧漆层	将研磨机平放在损伤部位，把损伤部位的旧漆层除掉。 温馨提示 应佩戴相应的防护用品；研磨范围不能过大，应控制在损伤范围内。	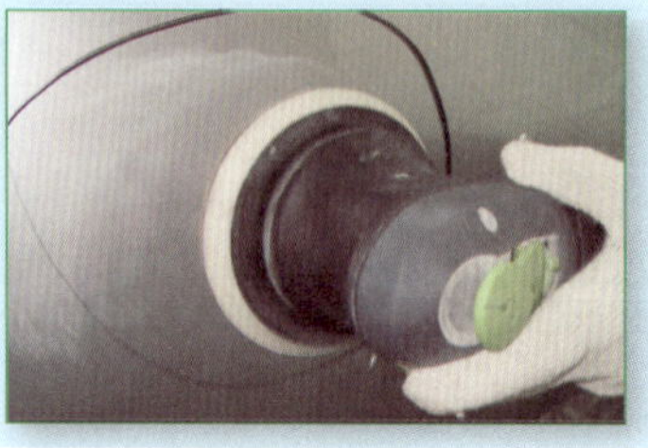

5. 清除损伤深处的漆层	使用 P80 砂纸将损伤深处的旧漆膜清理干净，为底漆提供良好的附着力。 温馨提示 不能将打磨机倾斜较大角度去除损伤深处的漆膜，以免损坏研磨盘。	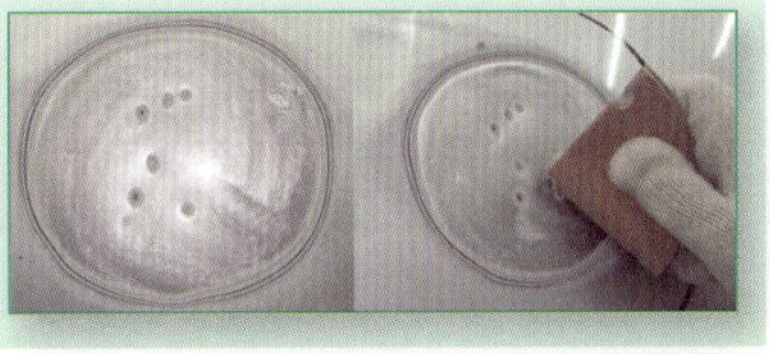
6. 清洁研磨部位	使用吹尘枪除去灰尘，使用除油剂除去油污。 温馨提示 在此步骤中应佩戴相应的防护用品。	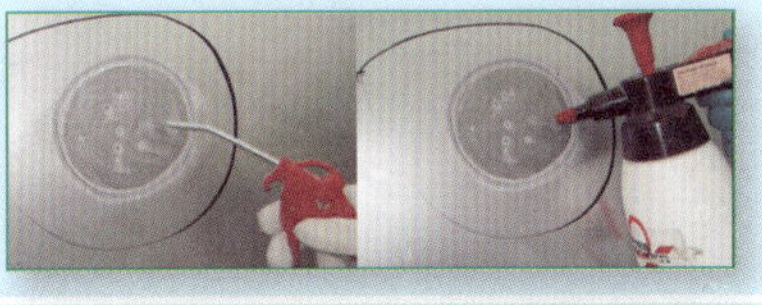
7. 研磨羽状边	选用 P120 砂纸配合 7mm 研磨机研磨出羽状边。 温馨提示 沿着损伤漆膜边缘研磨，在保证平顺的情况下，羽状边的范围应尽可能控制在很小的范围。	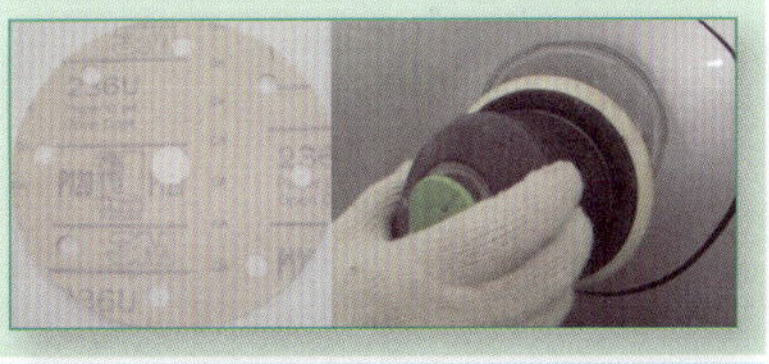
8. 检查羽状边研磨效果	从不同角度判断羽状边的效果，羽状边研磨至平顺即可。如已经平顺，则可选择 P180 砂纸配合 7mm 研磨机对羽状边边缘进行修饰，以减少砂纸痕。	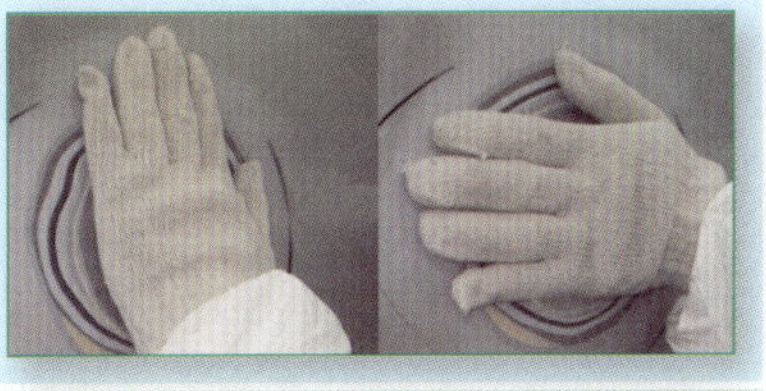
9. 研磨羽状边周围区域	选择 P240 砂纸配合 7mm 研磨机对羽状边周围进行磨毛处理。此范围应根据施工者水平的高低进行控制，原则上应尽可能小。在刮涂原子灰时，原子灰刮涂区域应在磨毛范围内。	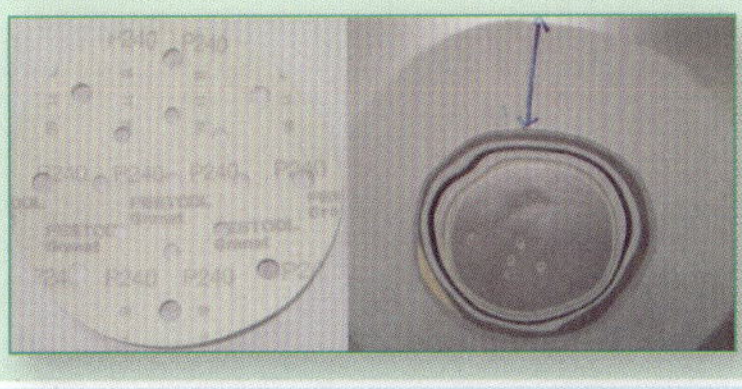
10. 清洁	使用吹尘枪除去灰尘，使用除油剂除去油污。 温馨提示 应佩戴相应的防护用品。	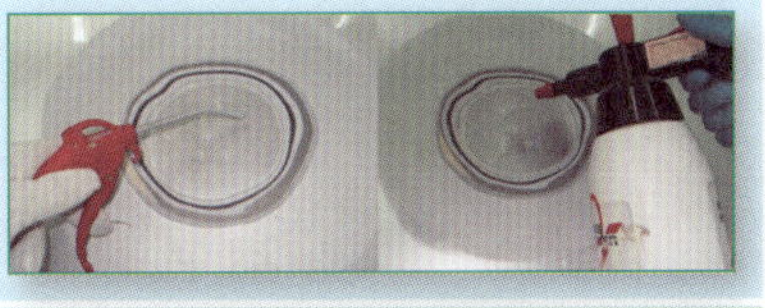
11. 任务完成	进行工具和场地的 5S 整理工作。	

知识链接

损伤评估结束后就要进行除旧漆工作。除旧漆就是将损伤部位的旧漆层打磨干净，将损坏的漆层打磨至适合施工的程度，防止旧漆层影响涂装质量。除旧漆一般是用单旋转打磨机配合P60～P80砂纸研磨。当然，损伤程度不同，使用的工具和砂纸型号也是有差异的：严重的损伤选用粗砂纸；轻微的损伤（没有伤到底漆或者底材）选用细砂纸。清除了旧涂膜的边缘是很厚的，为产生一个宽的、平滑的边缘，可以将涂膜的边缘打磨成一个平滑的斜坡，我们称之为羽状边，整个研磨过程即羽状边的研磨。

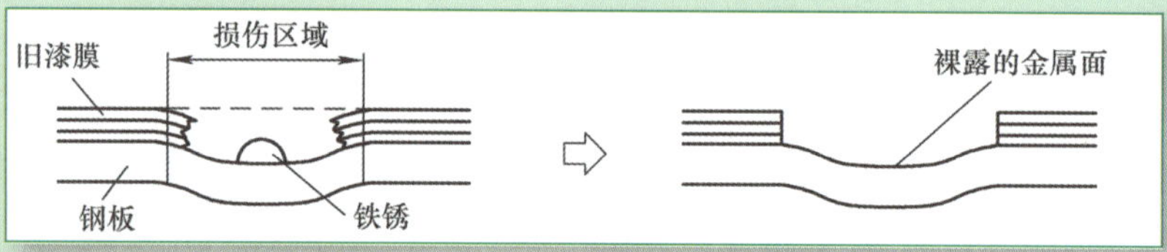

损伤示意图

如果某一区域受到冲击，就有可能影响涂膜与金属之间的附着力，必须清除原有涂膜。利用P80砂纸研磨受损区域，直至暴露出受损区域的裸金属。如右图所示。

清除旧漆膜

清除了涂膜的边缘是很厚的。如果没有做羽状边研磨就直接补上原子灰，会造成漆面出现原子灰印。因为原子灰和固化剂调和后约0.5～1h便可研磨，但是要使它们完全干燥，即使在炎热的夏天也需要一个星期，所以基本上在施工过程中，不可能等它们完全干燥才进行下一步的施工程序。所以在烤漆施工完成后，所补的原子灰经过一段时间还是会略微下陷，而这时候，如果底层没有做羽状边研磨，就会因为斜面太过于陡峭而使土痕出现。但是如果将每一个断层做好1～3cm的羽状边研磨，其斜面便可承受补土经过长时间后再下陷造成的高低差，而不会出现土痕。

羽状边的研磨方法很多，可以沿着旧漆边缘转动着研磨，也可以从旧漆面向损伤区域打磨。无论应用哪一种方法，都必须遵循以平滑为原则。研磨时使用偏心振动的7mm研磨机配合P120

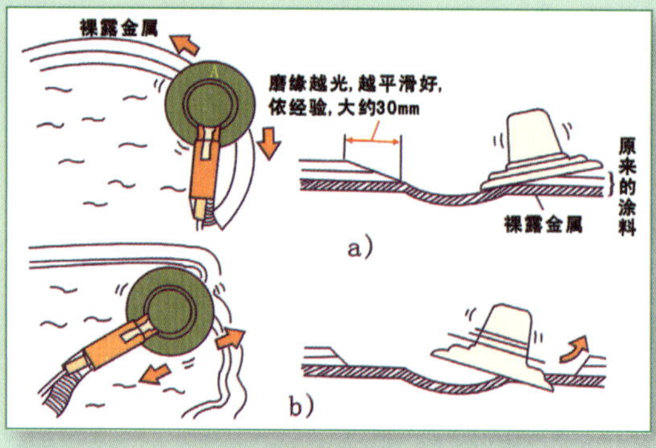

羽状边研磨

砂纸研磨，对于未曾修补过的新漆膜，羽状边的宽度研磨至 3cm 为宜；对于已经修补过多次的漆膜，每层至少研磨 5mm。不管漆膜新旧，对羽状边研磨效果的最终判断是平顺、无台阶且研磨范围尽可能小。

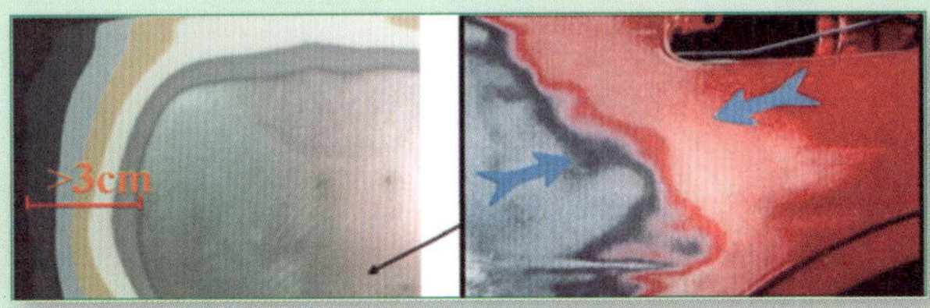

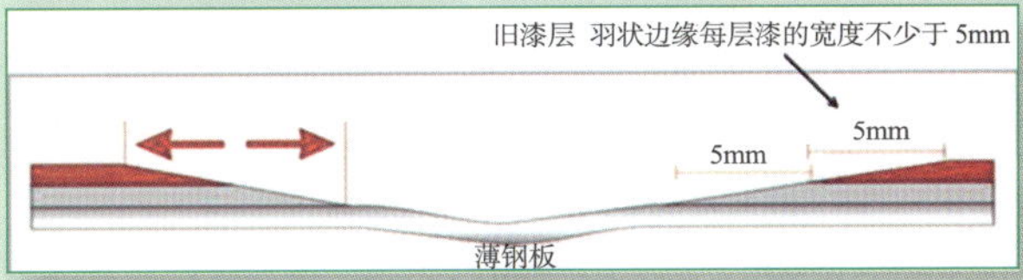

羽状边宽度

使用 P120 砂纸研磨出羽状边后，还应使用 P180 砂纸配合 7mm 研磨机对羽状边边缘进行研磨，使羽状边更光滑，并且可以去除 P120 砂纸痕。从羽状边的边缘起向外 3 ～ 5cm 的范围内还应使用 P240 砂纸配合 7mm 研磨机磨毛，为原子灰施工提供操作区域。

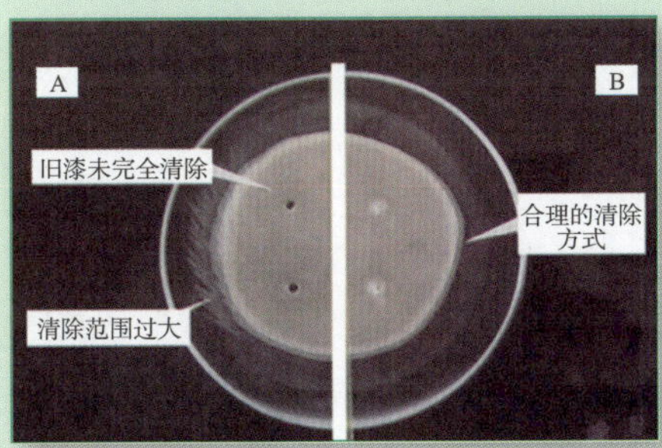

A. 差　　B. 好

清除旧漆层

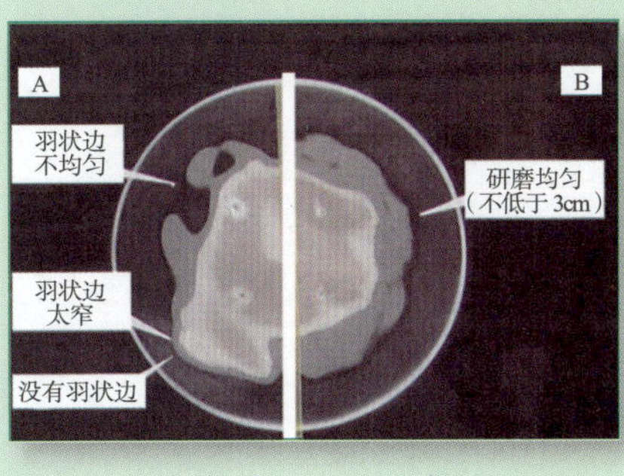

A. 差　　B. 好

研磨羽状边边缘

旧漆层、羽状边研磨对比

第四节　底漆施工

使用工具与设备

使用的工具

实习场景

实施步骤

底漆施工的步骤

步骤、作业内容及技术要求		图　解
1. 清洁损伤部位	在施工前要对损伤部位进行清洁，以防止油污影响砂纸寿命，同时防止将灰尘带进实操区。 温馨提示 在使用除油剂时应佩戴防毒面具、耐溶剂手套，应始终穿戴好工作鞋、工作服。	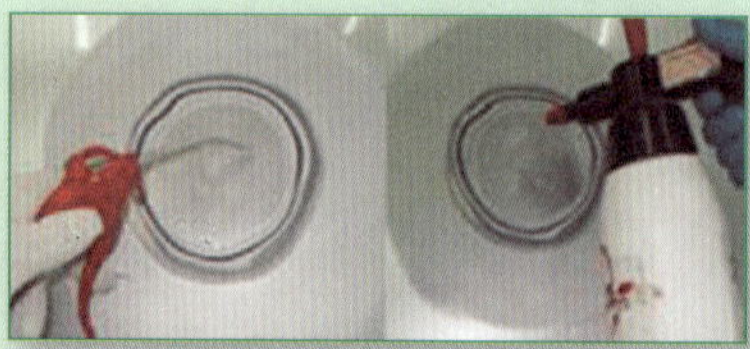
2. 遮蔽	对不需要喷涂底漆的部位进行遮蔽，遮蔽时应采用反向遮蔽。 温馨提示 反向遮蔽的目的是防止喷涂时产生硬边，所以不要用手去压折损伤区周围的遮蔽纸。	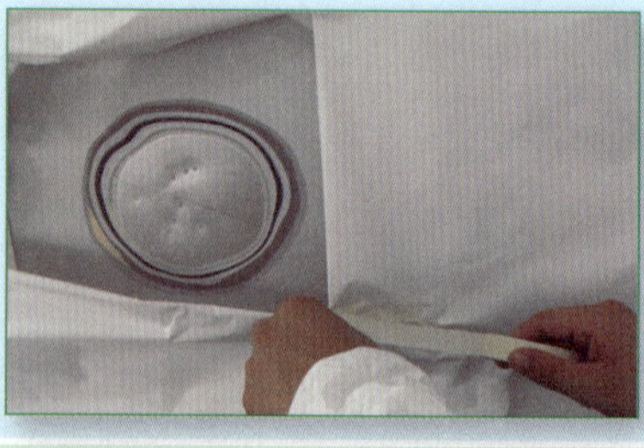
3. 调配底漆	根据产品手册说明调配底漆，如杜邦施必快环氧底漆 4090，其配套固化剂是 3110，稀释剂 3365，比例是 2:1:10%。 温馨提示 调配时应先倒油漆再加入固化剂，搅拌均匀后根据产品说明放置一定时间后，再加入稀释剂。	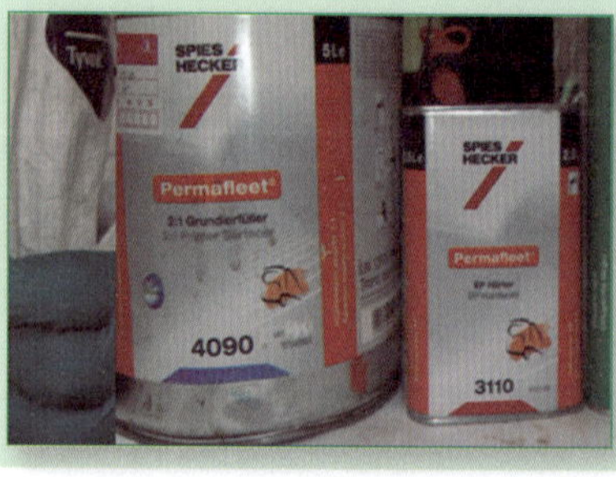

4. 喷枪扇面调试	将油漆通过滤网过滤后倒入喷壶就可以调试喷枪了。喷枪扇面应该是整个调试过程中第一个要调的参数。例如，可选择 RP1.7mm 底漆枪，扇幅控制螺栓全开后再回拧四分之一圈左右即可（根据喷涂面积大小，扇面由大调小）。 **温馨提示** 切记先调扇面，否则会对气压产生影响。	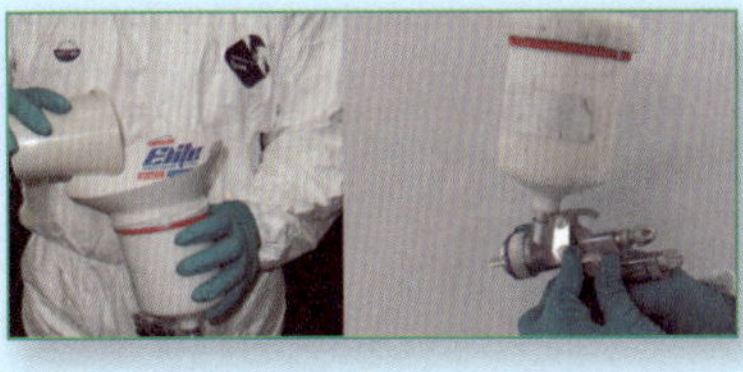
5. 出漆量调节	在喷涂时，出漆量的大小可通过出漆量调节螺钉来调节，通常调到扇面油漆流淌均匀即可。 **温馨提示** 出漆量根据扇面的大小而由大调小。	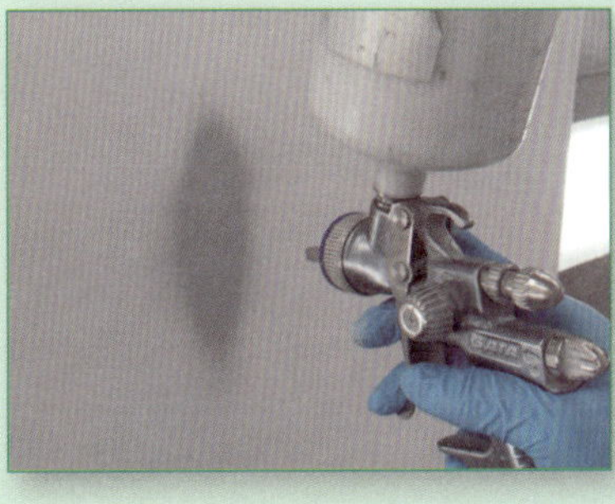
6. 气压调节	要了解喷枪的气压，如 RP1.7mm 喷枪的标准气压是 2.5bar。把喷枪扳机打开，调节气压至标准气压。 **温馨提示** 气压应根据扇面、出漆量大小而由大调小	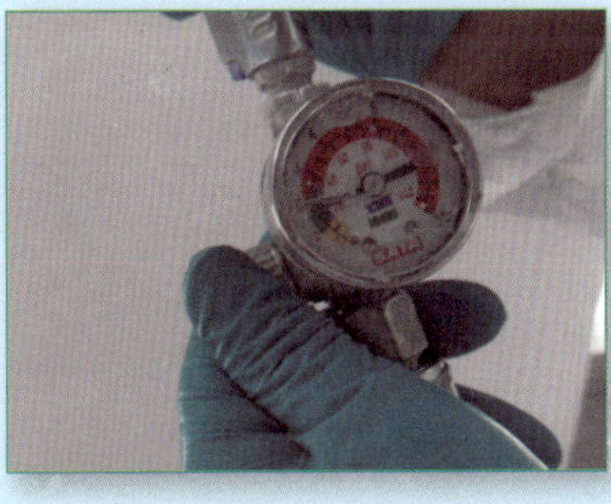
7. 试枪	按照喷涂要求调好喷枪参数后就要在测试纸上试枪，喷出的扇幅大小合适、流痕均匀即可，否则应反复调节三个参数。 **温馨提示** 试枪应从两个方向喷出扇面，竖着一道，横着一道。	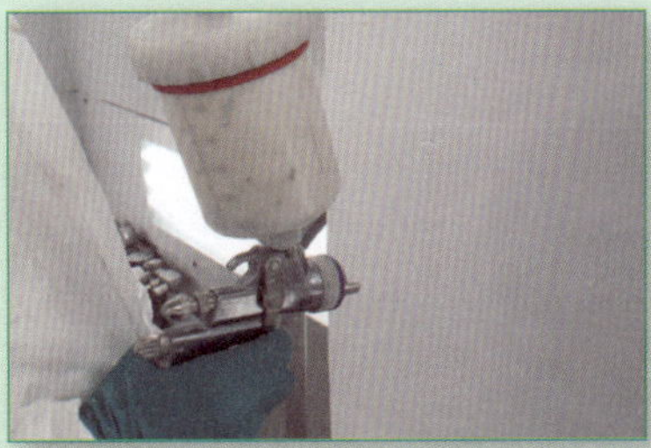
8. 喷涂环氧底漆	喷枪调试好后即进行环氧底漆喷涂。环氧底漆喷涂时只要薄薄喷涂一层，将裸金属覆盖住即可（约 15 ～ 20μm）。 **温馨提示** 此处喷涂时尽可能避开遮蔽纸，防止产生硬边。	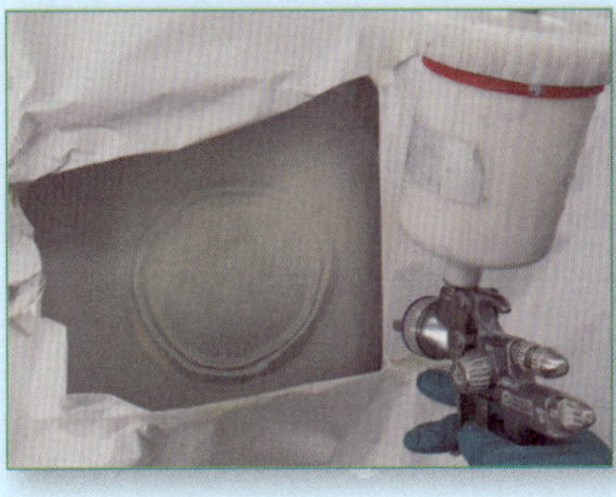

9. 烘烤底漆	底漆喷涂后可采用红外线烤灯烤干。烤灯的距离和温度应按照油漆厂家的建议执行。 温馨提示 一般建议烘烤温度控制在 50℃左右，距离 70cm 以上。	
10. 研磨底漆	底漆可以使用红色菜瓜布研磨。研磨时只需轻轻磨掉粗纹理即可。 温馨提示 一定要研磨干净喷涂时产生的硬边。	
11. 清洁	对损伤部位进行清洁。使用吹尘枪除掉灰尘，使用除油剂清洁油污。	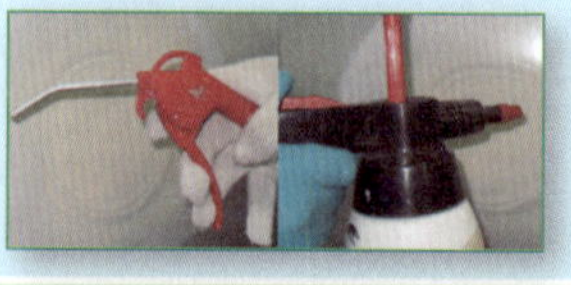
12. 任务完成	进行工具和场地的 5S 整理工作。	

知识链接

底漆的作用主要是提供附着力和防腐蚀。底漆一般不具备填补车身表面缺陷的能力，但能使裸露的金属表面适合使用原子灰、中涂底漆以及面漆。它作为被涂表面与涂层之间的媒介层，使两者牢固结合。底漆的种类繁多，如汽车上的底材除钢铁外，还有铝、镀锌铁板及塑料等，针对不同的底材，要选用适当的底漆。正确选择合适的底漆是非常关键的。它不仅可以降低成本，方便施工，而且可以延长漆膜的耐久性，充分发挥漆膜的作用，达到汽车涂装的质量要求。另外，施工方法与涂层的质量也有相当大的关系，如漆膜的厚度、均匀度、干燥程度、稀释剂的种类、施工环境（温度、相对湿度），涂装表面的预处理等也会影响底漆的涂装质量。

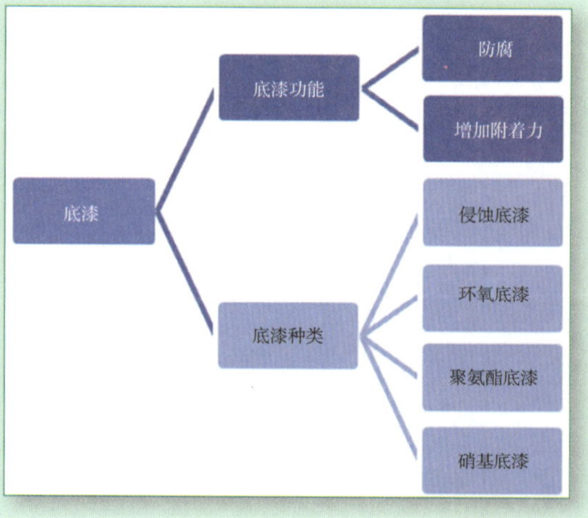

汽车用底漆的种类和功能

侵蚀底漆

也称为洗涤底漆、磷化底漆。其主要成分为聚乙烯醇缩丁醛树脂和防锈的铬酸锌颜料，并在其中加入主要由磷酸制成的固化剂，然后直接施涂到裸金属上。侵蚀底漆在裸金属表面上形成化学转化涂层，可以改进底材的防锈能力，并且能提高下一涂层的附着力（可以喷中涂或双组分素色烤漆）。虽然有单组分类型，但是双组分类型可以提供更佳的防锈和附着特性。但是不可以刮原子灰，喷银粉漆

环氧底漆

以环氧树脂为主要成膜物质制成的底漆品种较多，有高温烘烤底漆、双组分底漆、单组分常温自干底漆。环氧底漆附着力强，漆膜坚韧持久，对许多物体表面有较强的黏合力，但涂料耐光性差，易粉化，因此只适合用作底漆。在要求较高或湿热环境下使用的车辆一般应该使用环氧底漆。由于汽车经常受到强烈的冲击、震动以及磨损，还要受到各种多变气候条件的影响，以及酸、碱、盐的侵蚀，需要有一种很好的保护层。当汽车涂层要进行较大的整修工作时，双组分环氧底漆就是最佳的选择。其附着力、耐蚀性能、封闭性、耐化学品性能以及耐碱性能都非常突出，而且漆膜柔韧性好，硬度高，对镁铝合金以及轻金属、钢铁、玻璃钢都有很好的附着力。而且双组分环氧底漆能与多种面漆配套使用。

聚氨酯底漆

这是一种双组分类底漆，主要由醇酸树脂组成，用聚异氰酸酯作为硬化剂。它的防锈及附着特性极好，也是常用的底漆之一

硝基底漆

硝基底漆主要由硝酸纤维和醇酸树脂组成，不过其防锈和附着特性不如双组分类底漆那么强，且硝基底漆是可以被还原的，不可以在上面直接刮涂原子灰，目前只用在打磨露出小部分裸金属上。

底漆的性能

类型 性能	侵蚀底漆	硝基底漆	聚氨酯底漆	环氧底漆
防锈	差	差	好	好
附着	好	差	一般	好
固化	好	好	一般	差

底漆施工

在维修中，为防止金属生锈和增加附着力，要在裸露金属区域喷涂底漆。虽然底漆有单组分和双组分两种，但是一般使用双组分底漆，因为有些原子灰不能很好地附着在底漆上。此处以施必快环氧底漆 4090 为例，具体的施工步骤如下：

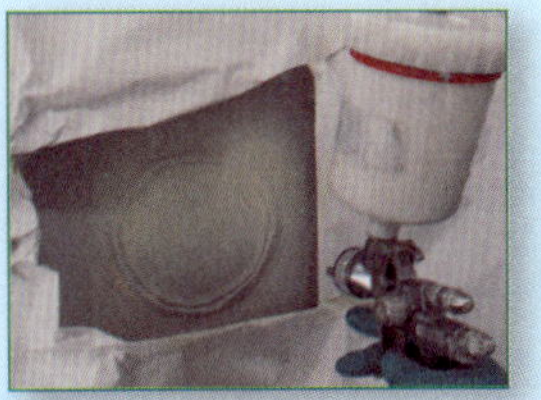
底漆施工

① 遮蔽无需喷涂区域的周围。

② 如果损伤区域较深，需要刮涂原子灰，则应在该区域施涂双组分底漆，为原子灰的施工提供良好底材，如杜邦施必快产品系列环氧底漆 4090 按 2:1 比例添加硬化剂 3110。如损伤区不需要刮。

涂原子灰，则可使用单组分、快干类型底漆，如杜邦施必快产品系列洗涤底漆 4085 按 1:1 添加稀释剂 3364。

③ 使用 1.6 ～ 1.7mm 喷枪喷涂一薄层（15 ～ 20μm）。

④ 干燥：4090 底漆在 60℃的温度下烘烤 30min 后方可刮涂原子灰。

⑤ 等底漆干燥后即可除去遮蔽材料。

⑥ 研磨底漆时应使用红色菜瓜布或 P240 ～ P320 砂纸研磨

第五节 原子灰施工

使用工具与设备

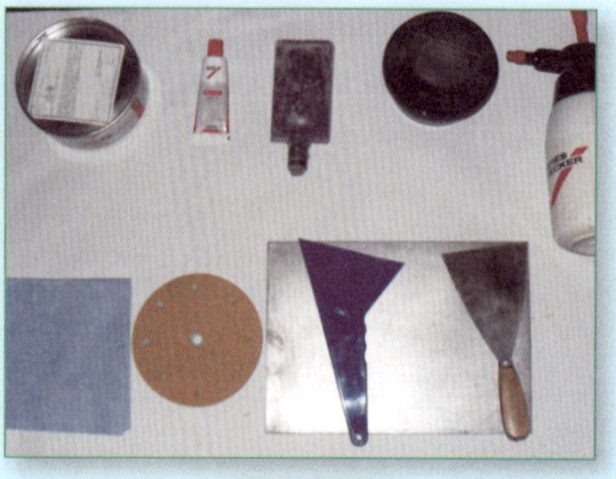
使用的工具

实习场景

实施步骤

原子灰施工的步骤

步骤、作业内容及技术要求		图 解
1. 清洁损伤部位	在施工前要对损伤部位进行清洁，以防止油污影响砂纸寿命，同时防止灰尘带进实操区。 温馨提示 在使用除油剂时应佩戴防毒面具、耐溶剂手套，应始终穿戴好工作鞋、工作服。	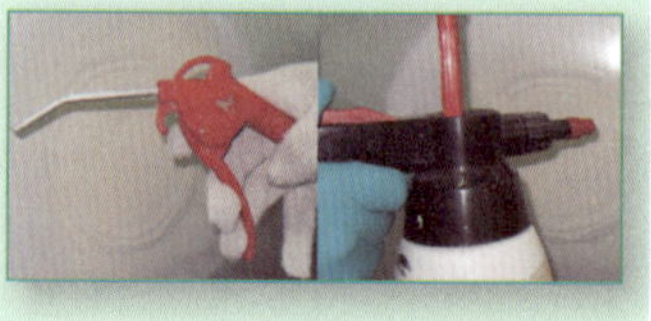
2. 搅拌原子灰	在调配原子灰前应对原子灰及固化剂进行搅拌，让原子灰及固化剂上下均匀。 温馨提示 如果原子灰罐盖上有已经干掉的原子灰，则应及时清理，以免盖子盖不严导致原子灰干燥。	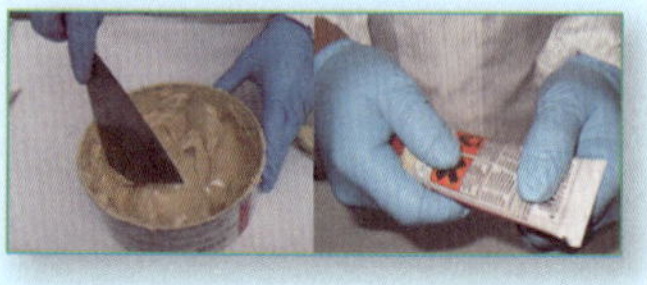
3. 调配原子灰	根据产品手册说明调配原子灰，如杜邦施必快多功能原子灰 2035，其配套固化剂是 0909，比例选 100:1% ～ 3%。 温馨提示 调配时应严格按照产品说明添加固化剂，在调配时应充分搅拌均匀。	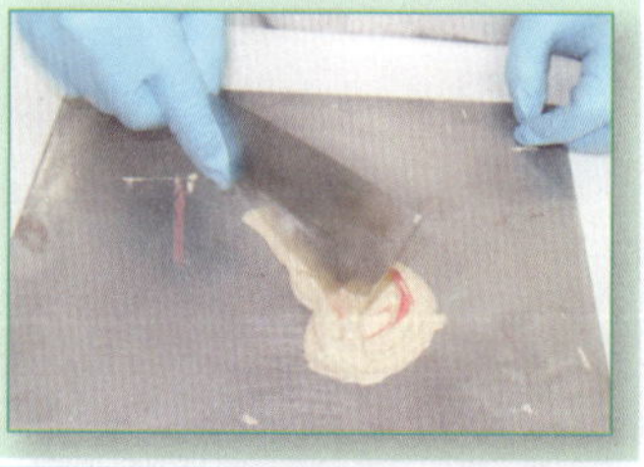
4. 刮涂原子灰步骤一	取少量原子灰，用竖直刮刀将凹陷最深处填满原子灰。 温馨提示 此步骤主要是为了将凹陷深处的空气挤出。	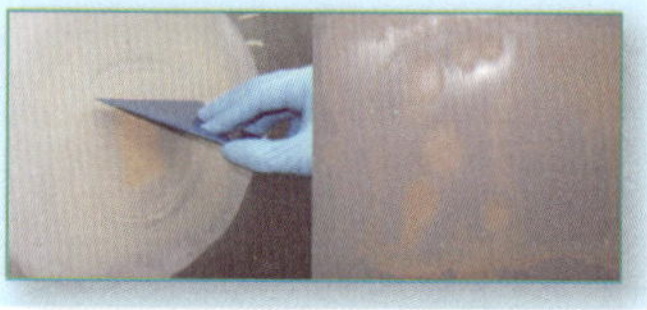

5. 刮涂原子灰步骤二	取适量原子灰填补整个凹陷部位，应保证从小到大刮涂，重复步骤 2 直至凹陷填补完毕。 温馨提示 刮涂时应保证边上薄中间厚，多次薄刮以免产生砂眼并保证原子灰表面光滑。刮涂完毕后应立即清洗刮刀刮板，且将废弃原子灰放置于水中。	
6. 烘烤原子灰	使用红外线烤灯对原子灰进行烘烤，烘烤时应根据烤灯的功率调节烤灯的距离。 温馨提示 一般烤灯的温度应保持在 50℃左右，距离 70cm 以上。	
7. 测试原子灰干燥	原子灰的干燥可通过指甲测试，用指甲划原子灰表面，如表面硬度足够应能划出细痕且不粘手。 温馨提示 使用红外线烤灯对原子灰烘烤 3 ～ 5min，原子灰就可达到研磨要求。	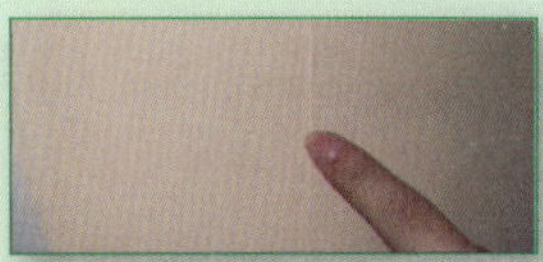
8. 施涂指示层	在研磨原子灰前应先施涂指示层，以方便研磨。 温馨提示 在每次换砂纸研磨时都应施涂指示层。	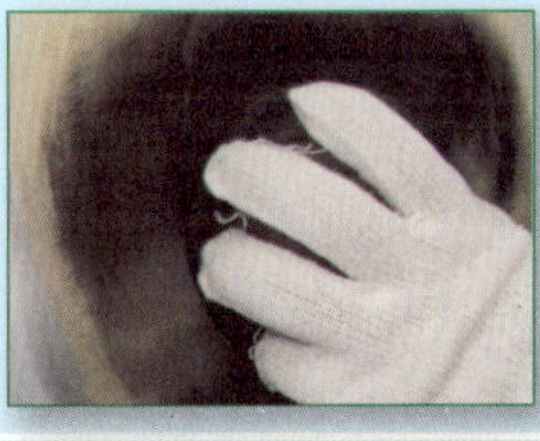
9. 粗磨原子灰	选用 P80 ～ P120 砂纸配合 7mm 研磨机对原子灰进行粗磨。P80 砂纸的作用主要是将高点磨掉，不能超出原子灰范围，P120 砂纸的作用是去除 P80 砂纸痕，对整个原子灰进行研磨达到基本平整。 温馨提示 P80 ～ P120 砂纸主要是粗磨，研磨范围限于原子灰范围内，且应达到基本平整。	
10. 细磨原子灰	使用手工模板配合 P120 ～ P180 砂纸修饰原子灰表面，使原子灰达到平整光滑，再使用 P180 配合 7 号研磨机去除砂纸痕。 温馨提示 此步骤主要是修饰原子灰表面，使其达到平整光滑。	
11. 整板磨毛	使用 P240 配合 7 号研磨机对整个板件进行研磨，一方面是去除较粗的砂纸痕，另一方面是为中涂底漆施工提供良好的附着力。 温馨提示 在做修补时，磨毛区的范围控制在 5 ～ 10cm 范围。	
12. 清洁	对原子灰表面进行清洁。使用吹尘枪除掉灰尘，使用除油剂清洁油污。	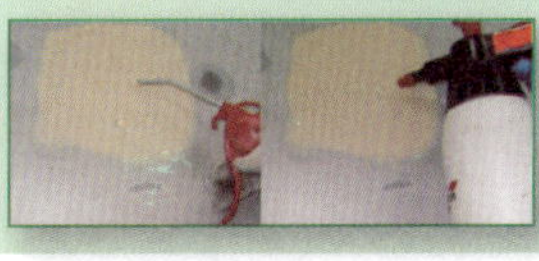

13. 任务完成	进行工具和场地的5S整理工作。	

知识链接

原子灰（俗称腻子）一般呈浆状，体质颜料含量高，主要是用来填补被施工工件不平整的地方。原子灰能使受到损坏的底材恢复到原有的形状，是一种快速而低成本的修补方法，但涂原子灰不能代表钣金的所有修理工作。

在涂原子灰前，底材要达到一定的要求，如合理的钣金件安装、表面平整度的变形量应不超过2mm、底材不应有裂口或未焊接的接缝等；否则，过厚的原子灰层会降低涂层的性能，裂口和缝隙会吸进潮气，导致锈蚀的产生，最终会破坏原子灰和金属的结合。汽车在行驶中的振动和应变，都会使过厚的原子灰层及处理不当的钣金件变形，造成原子灰层的开裂、脱落。

除此以外，根据汽车涂层的质量要求，合理选择原子灰及正确的施工方法也是非常重要的，它关系到能否发挥原子灰填补缺陷的能力、施工性能、施工速度和涂层的使用寿命。

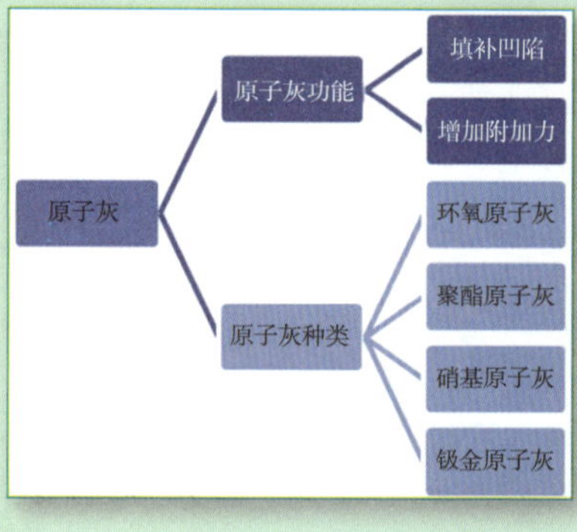

原子灰的种类及功能

环氧原子灰	这是一种双组分类原子灰，主要由环氧树脂组成，使用胺作为固化剂。由于环氧原子灰的附着力极好，常常用于修理塑料零件。至于固化、成形和打磨特性，该材料不及聚酯原子灰。
钣金原子灰	钣金原子灰（合金灰）应用于汽车车身金属板材、各种硬塑料、玻璃钢损伤的修复。其填补凹陷的能力强，附着力好，但打磨性能差。
聚氨酯底漆	这是一种双组分类底漆，主要由醇酸树脂组成，用聚异氰酸酯作为硬化剂。它的防锈及附着特性极好，也是常用的底漆之一。
聚酯原子灰	这是一种双组分类原子灰，主要由不饱和聚酯树脂组成，使用有机过氧化合物作为固化剂。不同的供应商会销售不同类型的原子灰，以满足不同的要求。此类原子灰一般含有体质颜料，可以施涂成厚涂层，并且容易打磨，但是可能会产生粗糙的纹理。
硝基原子灰	这是一种单组分原子灰，主要由硝酸纤维和醇酸或丙烯酸树脂组成，主要用于填补划痕、针孔或者是在中涂底漆施涂以后留下的浅的凹穴。 目前修补型原子灰主要是不饱和聚酯原子灰，是双组分型，固化剂为过氧化物，使浆状最终变成固体。

原子灰的使用方法

原子灰混合

在混合原子灰前，必须将原子灰和硬化剂分别搅拌均匀，然后根据损伤情况调配适量的腻子。原子灰混合比例：添加 1% ～ 3%（质量分数）的硬化剂，充分混合。

若固化剂过多，干燥后就会开裂；如果固化剂过少，就难以固化干燥。近来有一种方法比较实用，就是将主剂和固化剂采用不同的颜色相区别，通过其混合后的颜色来判断其混合效果。

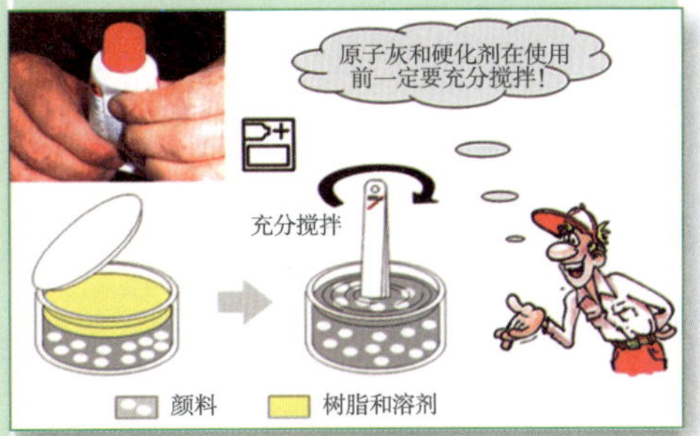

施工前的搅拌

原子灰混合

物料	混合比例	图例	
原子灰	100:1% ～ 3%	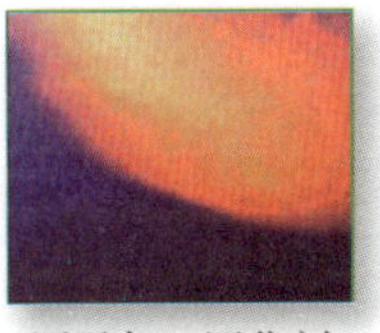 原子灰：固化剂	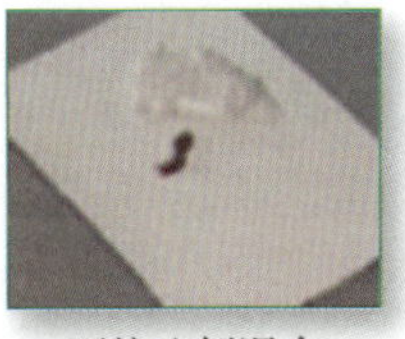 不按比例混合

原子灰罐每次使用后必须盖好，以防溶剂蒸发。取出原子灰以后，不要在罐口刮除粘在混合棒上的原子灰。所有粘在罐口的原子灰最后都会固化，并跌入罐内。如果有原子灰粘在固化剂口上，就会发生化学反应，引起固化剂固化。因此，不要将固化剂直接挤到原子灰基料上。混合后，在 20℃的天气下的活化时间为 4 ～ 5min。

原子灰刮涂

步骤一　在损伤区刮涂一薄层原子灰

第一次刮涂时，将刮刀倾斜大约 45° ～ 75° ，并将腻子刮在工件表面上，施涂一薄层，以确保腻子透入（哪怕是最小的划痕和针孔），从而增大附着力。

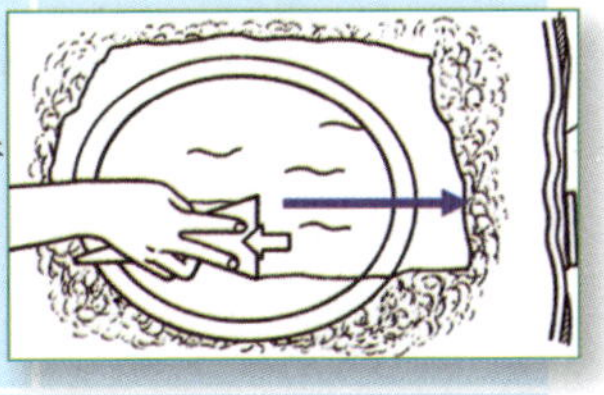

步骤二　填平凹陷

第二次时，将刮刀倾斜大约 35° ～ 45° ，腻子施涂的量要略多所需要的量。在每次施涂以后，都要逐步扩大腻子施涂的面积。在边缘上一定要涂得薄，形成斜坡，不要产生厚边。在刮涂时可分多次刮涂，达到填平凹陷的目的。

为了更好地施工，先在小面积部位涂刮腻子，然后再逐渐地扩大施涂于较大的面积部位。刮涂时，应使用来回刮涂的方法。

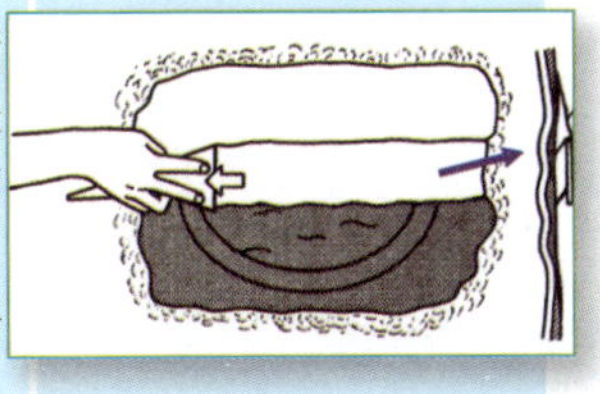

步骤三　收光

在最后一次施涂时，刮刀要与工件表面保持一个小于 35° 左右的小角度，使表面平整。

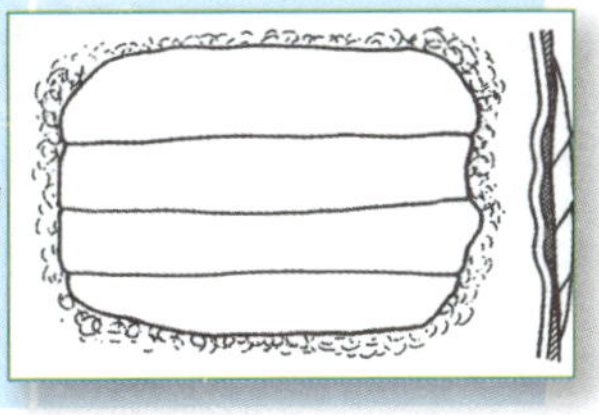

原子灰干燥

在原子灰刮涂完成后，为加速原子灰的干燥可采用红外线烤灯进行烘烤。

检查原子灰是否干燥应检查薄的区域。因为涂层薄的地方温度往往比涂层厚的地方温度低，使涂层薄的部位固化反应速度减缓。因此，一定要检查涂层薄的部分，以此来确定腻子的固化状态。

原子灰干燥

干燥方式	干燥时间	注意事项
自然干燥（20℃）	20 ～ 30min	在用红外线干燥原子灰时，应选用短波红外线烤灯，烤灯的温度应在 60℃以下，距离应根据红外线烤灯的功率调整，一般为 70cm 以上，烘烤时间在 5min 左右即可
红外线干燥（60℃）	4 ～ 5min	

原子灰研磨

原子灰的打磨可分成两个阶段：一是粗整平，在这个阶段追求的主要是研磨效率，以最快的速度将粗糙的原子灰表面初步整平即可；二是细整平，在这个阶段追求的是研磨质量，要求原子灰平整、光滑，符合中涂漆施工的要求。

在粗整平阶段，对于所有的打磨操作，都应当按照正确的打磨材料型号顺序进行。对于重叠、接口、羽状边区域，采用从最初较粗的 P80 至最细的 P400 的顺序，确保较深的打磨痕在每次的操作中均能被研磨到，从而被除去。在每次换砂纸时应涂打磨指示碳粉，打磨指示碳粉可以使你在打磨过程中清楚地看见打磨的程度，直观地知道磨痕是否去除了。

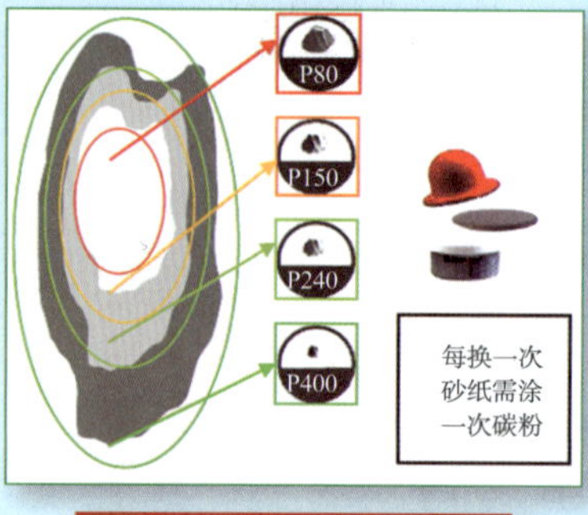

研磨粗填补腻子砂纸使用顺序

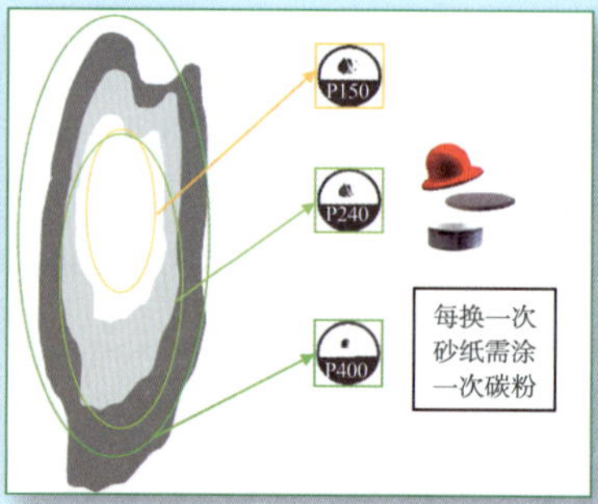

研磨细填补腻子砂纸使用顺序

在细整平阶段，对于所有的打磨操作，都应当按照正确的打磨材料型号顺序进行。对于重叠、接口、羽状边区域，采用从最初的 P150 至最细的 P400 的顺序，确保较深的打磨痕在每次的操作中均被研磨到，从而被除去。

涂覆细填补腻子前，利用压缩空气从车身修补区表面除去灰尘。腻子里的灰尘将会在日后造成瑕疵。使用吹风枪吹掉被修复表面的灰尘和脏物，吹净腻子孔中的灰尘。

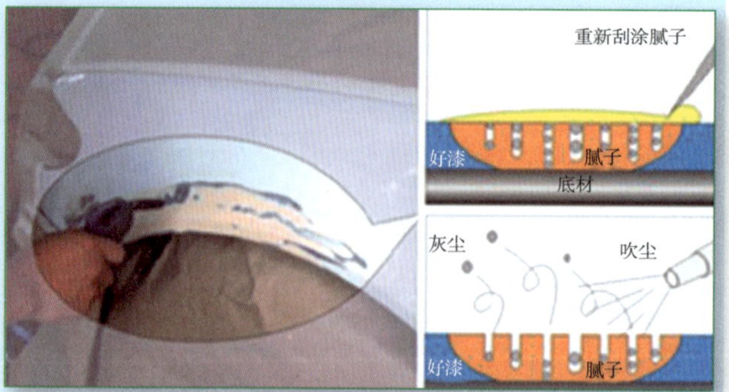

吹掉打磨的灰尘

温馨提示

聚酯腻子表面多孔容易有水或灰尘残留在孔中，因此打磨以后需要用压缩空气吹去灰尘，才可以再次刮涂腻子。

第六节 中涂漆施工

使用工具与设备

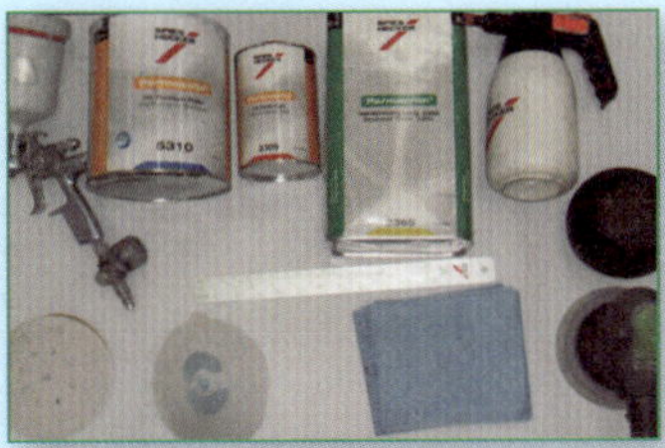
使用的工具

实习场景

实施步骤

中涂漆施工的步骤

步骤、作业内容及技术要求		图解
1. 清洁被涂部位	在施工前要对被涂部位进行清洁，以防止油污影响漆面效果，防止被涂部位产生缺陷。 **温馨提示** 在使用除油剂时应佩戴防毒面具、耐溶剂手套，应始终穿戴好工作鞋、工作服。	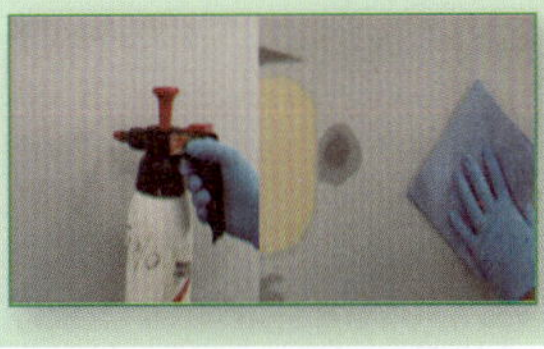
2. 调配中涂底漆	根据产品手册说明调配中涂底漆。例如，杜邦施必快高浓中涂漆 5310，其配套固化剂是 3310，比例是 4:1。 **温馨提示** 中涂底漆调配时应根据被涂部位的面积调配合适的量，以免产生浪费。	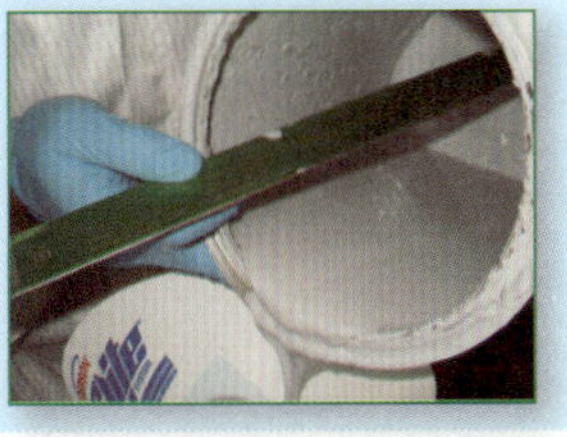
3. 调试喷枪	喷涂中涂漆应选用 1.6 ~ 1.7mm 口径的喷枪，RP 喷枪气压为 2.5bar，具体参数调试参见第三章。 **温馨提示** 调试喷枪的主要目的是更好地施工，一定不要图方便而不做此步骤。	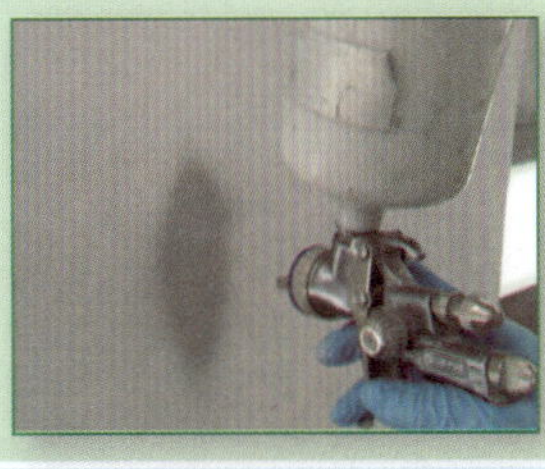
4. 喷涂中涂底漆	在对工件喷涂中涂漆时，应先喷涂原子灰及磨穿部位，再对整个工件喷涂，一般施涂两道即可达到理想效果。 **温馨提示** 每道中涂漆喷涂完成后均需要闪干。	

5. 烘烤中涂漆	中涂漆经过闪干后即可进行烘烤。这里采用的是燃油加热式烤漆房，温度设定在60℃，时间为30min。 温馨提示 烘烤前要确保车内无易燃易爆品。	
6. 施涂指示层	在烘烤结束后即可进行中涂漆研磨。研磨前应施涂一层指示层，以便研磨。 温馨提示 指示层涂上即可，不宜过多。	
7. 用手工磨板研磨	使用手工磨板配合P320砂纸对原子灰处的中涂漆研磨，以保证漆面平整。 温馨提示 采用米字形研磨方法，推平原子灰处的痕迹。	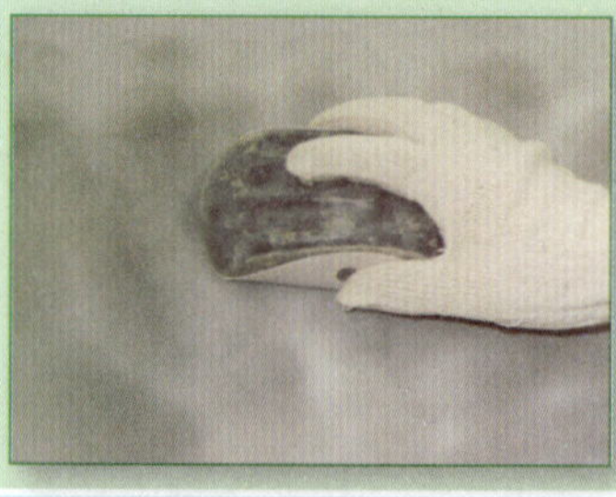
8. 机磨中涂漆	使用3mm研磨机配合P400～P500砂纸进行中涂漆研磨。研磨磨至没有亮点即可。 温馨提示 研磨时不要把中涂漆磨穿。边角采用灰色菜瓜布研磨。	
9. 清洁	对漆膜表面进行清洁。使用吹尘枪除掉灰尘，使用除油剂清洁油污。	
10. 任务完成	进行工具和场地的5S整理工作。	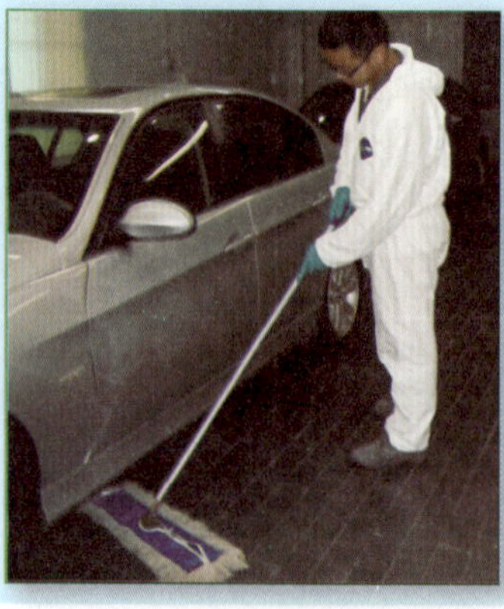

知识链接

中涂底漆一般固体分子高，可以得到足够的膜厚（大约 40 υm），力学性能好，尤其是具有良好的抗石击性，另外还具有表面平整、光滑、打磨性好、耐水性优良等特点，对汽车整个漆膜的外观和性能起着至关重要的作用。

在涂层组合中，中涂底漆层是在面漆层之下的涂层，主要起增强涂层间附着力、加强底涂层的封闭性和填充细微痕迹的作用，因此，中涂底漆层要有一定的附着力、耐溶剂性和填充性，以保证为面漆层提供一个完美的施工表面，并突出面漆的装饰性。作为面漆层与底漆层、腻子层、旧涂层之间的媒介层，中涂底漆层还应具有对底漆层、腻子层、旧涂层、面涂层的良好配套性。目前，在汽车上使用的底漆层、腻子层及面漆层品种繁多，性能各异，正确选择中涂底漆层非常重要，这不仅关系到合理使用涂料，发挥中涂底漆层的品质，还关系到节约面漆、降低成本、方便施工以及提高面漆层的装饰性等一系列问题。

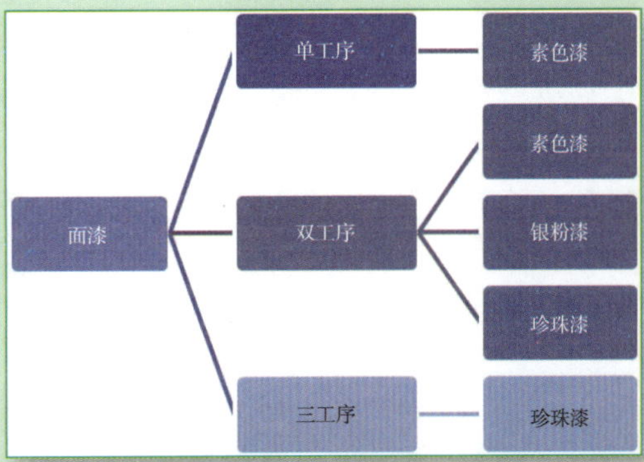

另外，中涂底漆涂层的施工方法和条件，如漆膜厚度、干燥条件、喷涂技术、稀释剂的选用、涂料黏度、施工设备、施工环境及腻子作业的质量等都会影响中涂底漆层涂装后的质量，进而影响面涂层的质量。因此，我们必须重视中涂底漆层在涂层中的作用，重视中涂底漆层的施工质量。除了上述作用外，中涂漆还有如下功能：

中涂漆还应具备一定的保护车体面板免受碎石弹击伤害的性能及防潮性等功能。车辆在以一定的速度行驶时，这些“特殊子弹”可能会以几百公里的时速撞击车身表面。你们也许有人曾经看到过这种“发射物”撞击风窗玻璃时的可怕效果，这种撞击的能力之大可能会导致需要更换风窗玻璃，这并不罕见。油漆漆膜一定要能吸收这种程度的撞击，至少要让底漆涂层不被破坏，否则会导致车门锈蚀。

中涂漆性能对比

类型 / 性能	1K 丙烯酸中涂	聚氨酯中涂	1K 硝基中涂
附着力	◎	◎	⊗
填充性	◎	◎	○
隔离性	◎	◎	⊗
扰水性	⊗	◎	⊗
干燥性	◎	○	◎
打磨性	◎	◎	◎
防吸收性	⊗	◎	⊗
配合面漆颜色	⊗	◎	⊗

⊗差 ○一般 ◎好

中涂漆施工方法

底材准备

在喷涂中涂底漆之前，使用 P240 打磨砂纸配合双轨道偏心 7mm 打磨机打磨底层，要求不漏底，无漏磨。

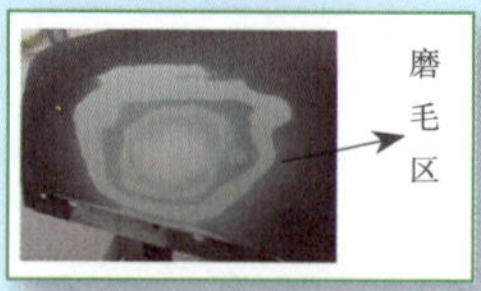

P240 号砂纸研磨范围

如果砂纸过于粗糙，打磨划痕将会过深。这样，中涂底漆将会喷得过厚，推荐的干燥时间会因此而显得太短，结果砂痕就会显现。

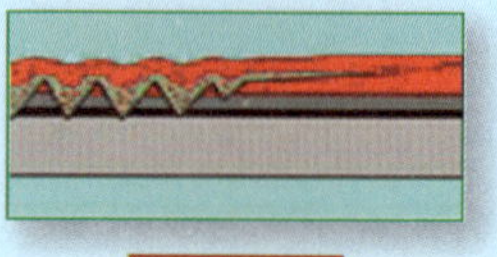
砂纸痕太粗

中涂漆混合

按照比例要求混合中涂漆（中涂漆的调配比例可在产品手册或包装上查到）。以施必快多功能中涂漆 8590 为例，其调配比例为 3:（1+5% ～ 10%）的比例添加 3309/3310 硬化剂和稀释剂，调配好后最好放置一段时间。

中涂漆喷涂

喷涂中涂漆应选择大口径的喷枪。重力式：1.6 ～ 1.7mm；吸力式：1.9 ～ 2.0mm。中涂漆喷涂 2 ～ 3 层（约 80 ～ 20υm），每层相隔 5 ～ 10min（根据环境而定）。第一喷涂层是对底层的初步密封，因此要喷得薄一些（屏蔽涂层），这将避免在后续填充中涂底漆的溶剂渗透到旧的油漆层中引起隆起。第二涂层和第三涂层是真正起到作用的填充中涂底漆涂层。

当第一层经过充分地闪干静置后（直到无光泽），便可以喷涂第二层，再经过闪干静置第二层（直到无光泽），然后才喷涂第三层。要确保每一层填充中涂底漆的喷涂面积都要比上一层的喷涂面积宽出一掌的范围。

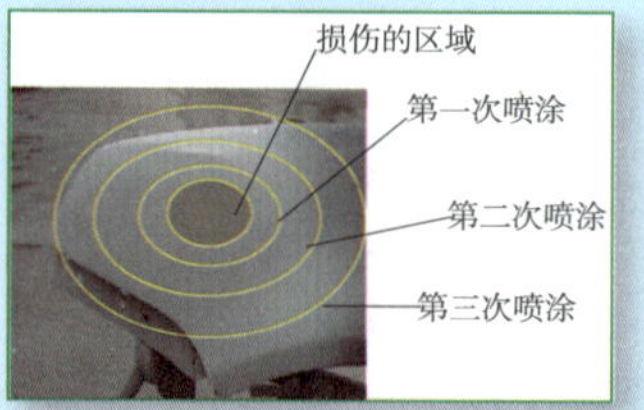

中涂漆喷涂示意图

中涂漆干燥

中涂底漆喷涂完后需静置 5 ～ 10min，便可使用烘烤房或红外线烤灯进行烘烤干燥，干燥时间根据产品性能、厚度和温度而定，详细情况需参考相关产品技术资料。烘烤房干燥时温度设定为 60℃，时间设定为 20 ～ 30min；红外线烤灯干燥需要 10 ～ 15min，在环境温度为 20℃时，需 5h 以上才能干燥。

中涂漆研磨

研磨中涂漆需根据待喷涂的面漆颜色选择研磨砂纸。如面漆的颜色较浅，应选择较细的砂纸研磨（P400 以上），如面漆颜色较深，可选择 P320 ～ P400 砂纸研磨。

使用 P320 ～ P400 干磨砂纸配合双向 (3mm/5mm) 研磨机研磨干燥后的中涂底漆，如有需要在研磨边角位置可用 P500 号海绵砂纸或灰色百洁布研磨。研磨时，刮涂腻子区域可先配合手工打磨至平整。如有需要，可使用双组分腻子填补细小的砂眼及划痕，但只限细小的砂痕及针孔。

研磨

第七节 面漆施工

使用工具与设备

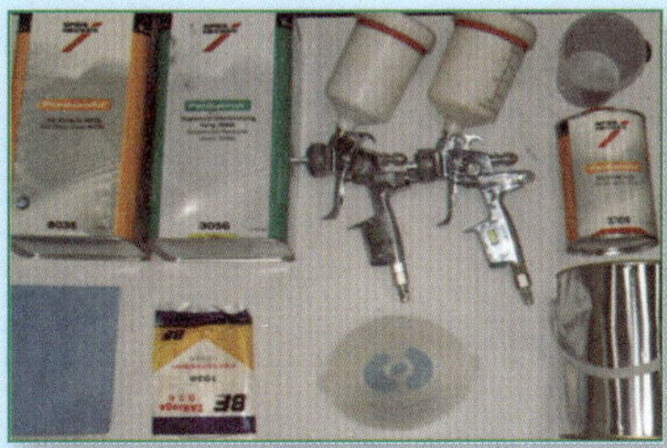

使用的工具

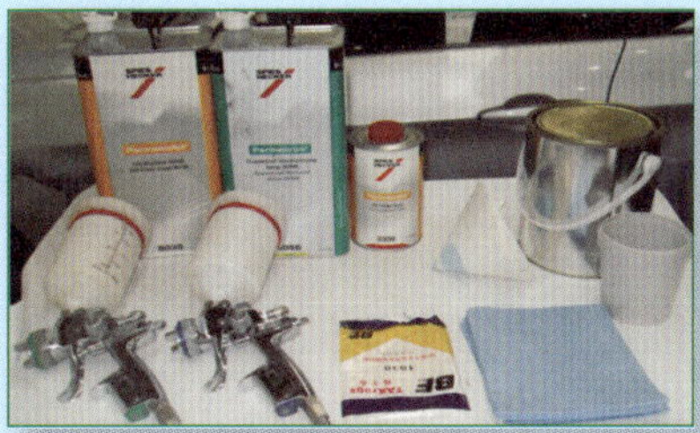

实习场景

实施步骤

面漆施工步骤

步骤、作业内容及技术要求		图解
1. 除油粘尘	在施工前要对被涂部位进行清洁，使用清洁剂对板件除油，使用粘尘布对板件粘尘。 **温馨提示** 在使用粘尘布时要先将粘尘布完全折开，然后揉成一团对板件轻轻擦拭即可。	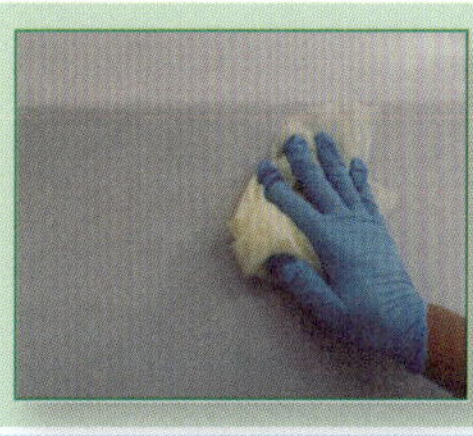
2. 调配色漆	根据产品手册说明调配色漆，此处选用的是杜邦施必快 293/295 系列色漆，稀释剂是 3056/3054，比例是 1:65%。 **温馨提示** 色漆调配时要严格按照产品手册说明添加稀释剂，在喷涂前要充分搅拌均匀。	
3. 色漆过滤	对于银粉漆，应选用 200 ～ 230υm 的滤网进行过滤后方可喷涂。 **温馨提示** 如果喷涂的是水性漆，则滤网应具备耐水性。	
4. 调试喷枪	在对工件喷涂前应先调试喷枪。色漆喷涂应选用 1.3 ～ 1.4mm 的喷枪喷涂。本次施工选用的是 SATA HVLP 喷枪，气压要求 2.0bar。 **温馨提示** 在调节喷枪时应先调扇面再调出漆量及气压。	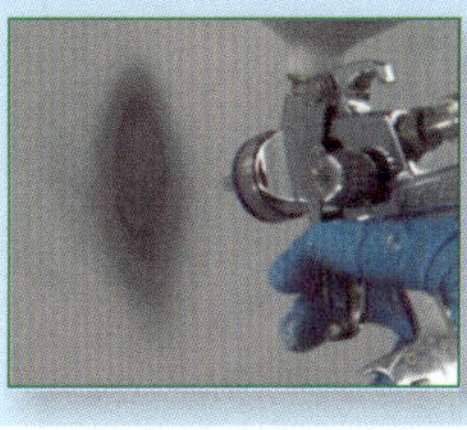

5. 喷涂色漆	色漆的品牌不同，施工方法也不同，但大体上喷涂 2 ～ 3 遍即可达到预期效果。对于施必快 293/295 系列，色漆喷涂方法是雾 - 湿 - 雾。 **温馨提示** 根据产品要求施工，层与层之间要闪干。	
6. 调配清漆	根据产品手册说明调配清漆。本次施工选用的是施必快清漆 8035，固化剂是 3309/3310，稀释剂是 3364/3365，比例 2:1:5 ～ 10%。 **温馨提示** 清漆调配后最好放置一段时间再施工，放置时间参见产品手册。	
7. 调试喷枪	喷涂清漆应使用 1.3 ～ 1.4mm 喷枪。本次施工选用的是 SATA HVLP 喷枪，气压要求 2.0bar。 **温馨提示** 在调节喷枪时应先调扇面，再调出漆量及气压 。	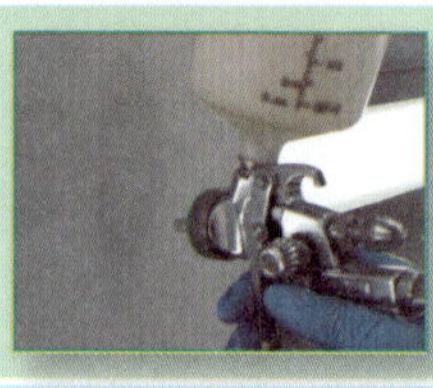
8. 喷涂清漆	不同品牌的清漆施工方法也不同，但大体上喷涂 2 ～ 3 遍即可达到预期效果。对于施必快 8035，清漆喷涂方法是半湿喷一道再湿喷一道。 **温馨提示** 8035 清漆层与层之间不需要闪干。	
9. 烘烤	对面漆进行烘烤，将温度调节到 60℃，时间设定在 30min 即可。	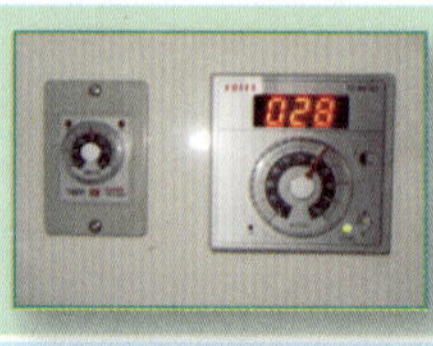
10. 任务完成	进行工具和场地的 5S 整理工作。	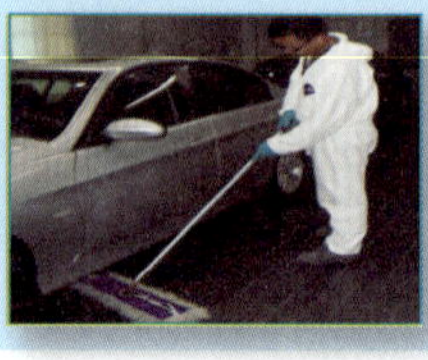

知识链接

面漆喷涂是技术性要求很高的工作，过去汽车面漆喷涂以素色漆（白、蓝、黑、红等单色以及相关复色等）为主，相对来讲对修补漆的喷涂要求不高。随着汽车漆档次的越来越高，汽车修补漆的性能不断提高，对喷漆工的要求也提高了。随着金属闪光漆以及珠光漆的迅速增长，过去比较少见的浅色金属闪光漆也越来越多，对喷涂浅色金属漆的施工稳定性、色差等质量控制、都存在不同程度的难点，尤其是它的“视角闪色效应”（从正面、侧面观察其明度、色相以及彩度等的不相同）上比深色漆要敏感得多。所以在喷涂面漆时，更应该按照所采用的汽车修补漆供应商提出的施工要求，严格地控制涂装条件及工艺。

喷涂面漆时，不仅要认真选择所有的材料、施工工具，而且对施工环境（温度、湿度）的控制、冬夏季节稀释剂的选择以及喷枪的调整等都必须认真对待，最终才能使漆面的色彩和光泽度达到理想的效果，同时使漆膜的附着力、硬度和耐久性得到提高。如果忽视任何一个环节，都可能造成严重的后果。

面漆涂层是指涂于工件最外层的漆膜，是涂层组合中唯一可见的部分，起着装饰、标示和保护底材的作用。它直接与各种气候条件（如雨、雪、阳光、寒冷、酷暑等）及有害物质（如酸、碱、盐、二氧化碳、硫化氢等）接触，是阻挡这些物质侵蚀的第一层，并配合底漆起到对底材的保护作用。

耐候性是面漆的一项重要指标，要求面漆在极端温变、湿变、风雪雨雹的气候条件下，不变色，不失光、不起泡，不开裂。

面漆涂装后的外观更重要，要求漆膜外观丰满，无橘皮，流平性好，鲜映性好，从而使汽车车身具有高质量的协调和外形。

面漆还应具有足够的硬度、抗石击性、耐化学性、耐污性和防腐性等性能，使汽车外观在各种条件下保持不变。

面漆的相关知识

面漆分类（根据施工工序的不同分为三类）

喷涂同一种涂料即形成完整的面漆涂层的喷涂系统，称为单工序面漆。单工序面漆通常只用于素色漆施工。

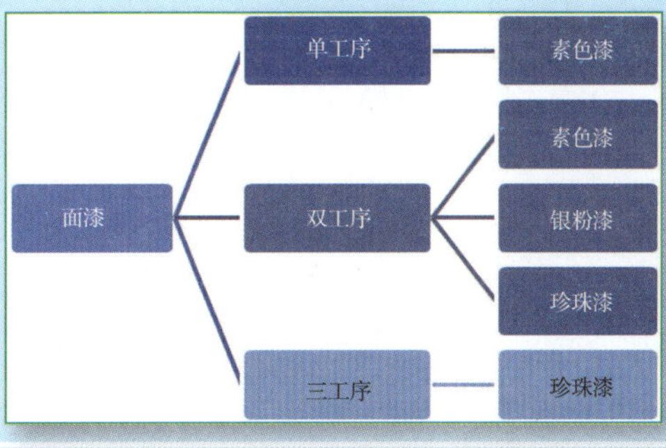

喷涂两种不同的涂料才能形成完整的面漆涂层的喷涂系统，称为双工序面漆。双工序面漆通常是先喷涂色漆，然后再喷罩光清漆，两种涂层结合在一起才能形成有质量保证的完整的面漆层。双工序面漆多用于素色漆、银粉漆及珍珠漆。

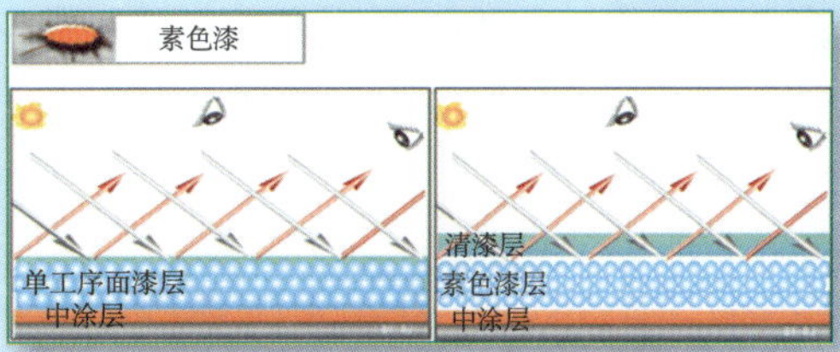

单工序与双工序素色面漆系统示意图

通常是先喷一层打底色漆，然后喷一层珍珠漆，最后喷罩光清漆，三个涂层结合才能形成完整的面涂层，称为三工序面漆。在喷涂珍珠漆时，三工序面漆系统是最常用的。

在面漆系统里，色漆层主要提供色彩和遮盖力，清漆主要起到保护色漆、抗紫外线及提高光泽度的作用，使车体显现出饱满、艳丽的色泽。

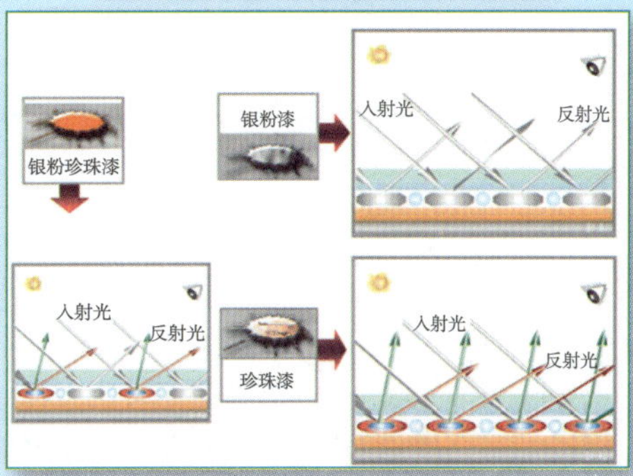

银粉漆与珍珠漆效果示意图

面漆分类	在涂装修补中，往往要先判断涂层的类型，确定修补方法。根据涂层的特点，维修技师常采用以下方法来判别涂层的类型：使用白色棉布（棉花）配合细抛光蜡，擦拭涂层表面。双工序涂层表面是罩光清漆，所以擦拭后没有颜色脱落；单工序涂层的颜料和树脂混合在一起，擦拭后会有颜色脱落。	
面漆前处理	面漆施工的第一步是对喷涂的底材进行清洁，清洁的质量会影响面漆施工的效果。如果底材有油，则会导致面漆出现缩孔；如果底材有水，则会使面漆出现气泡等。用除油剂将待涂表面的油污清除后，用粘尘布粘除表面的灰尘，确保待涂表面没有任何油污灰尘。	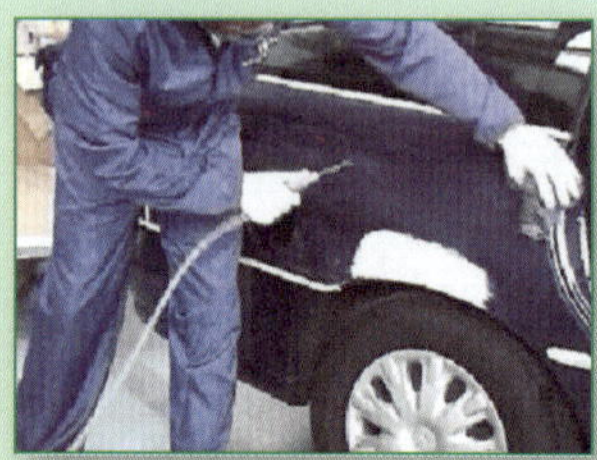 清洁
色漆喷涂	根据不同的颜色，第一道色漆层一般按50%～70%的颜色遮盖进行喷涂，涂层不能喷涂得太湿。这一道涂层的主要作用是适应底材及帮助检查底材是否有缺陷，最大限度地降低挥发时间，减少产品消耗。	 第一道色漆（雾喷）
	第二层色漆喷涂前需闪干，闪干至表面哑光后才可喷涂第二层。第二层要求涂层是均匀的湿涂层（100%遮盖），完全覆盖住中涂底漆。	 第二道色漆（湿喷）
	第二涂层经过闪干处理（达到均匀无光泽）之后，喷涂最后一道涂层（效果涂层），喷涂时加大喷枪和面板之间的距离。这一步骤对颜色匹配和最后涂层的效果非常重要。 如果发现色漆有瑕疵或尘点，可通过（P800）打磨，将所有瑕疵或尘粒从底色漆涂层上排除。	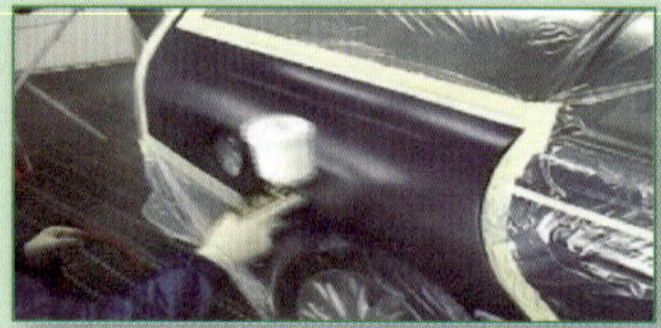 第三层色漆（效果层）
清漆喷涂	混合清漆（使用修补清漆 MS8000 以 2:1 比例混合相应硬化剂，按施工温度添加硬化剂和稀释剂）。中浓度清漆喷涂两层，每层相隔 5 ～ 10min，静置 10 ～ 15min 后可进行烘烤干燥。	
面漆干燥	干燥面漆可采用强制干燥和自然干燥两种方法。强制干燥可用烤房或烤灯烘烤，升温至 60℃（金属表面温度），时间为 30min。如果是热空气加热型烤房，最好能将烘烤温度定在60℃～ 70℃。自然干燥是将喷涂好的车辆置于常温环境温里（20℃）干燥，一般需要过一夜才能干燥至可抛光的硬度。	 清漆喷涂

第五章 抛光工艺

第一节　抛光缺陷评估

使用设备与实习场景

棉布

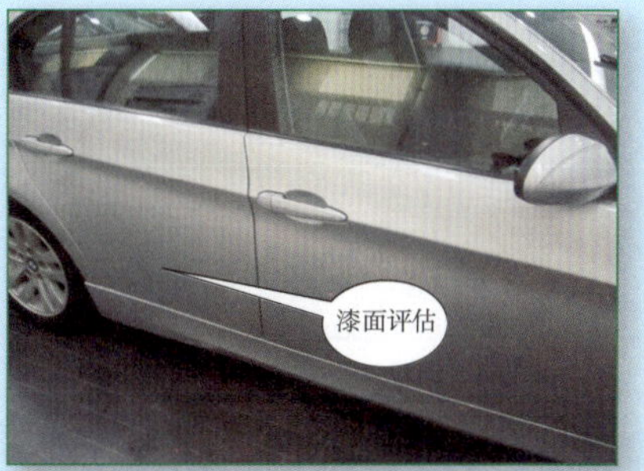

实习场景

实施步骤

抛光缺陷评估步骤

步骤、作业内容及技术要求		图　解
1. 检查干燥情况	采用指触干燥法检测漆面干燥状况。 **温馨提示** 操作人员不能用手直接接触喷好的漆面，一定要等漆面完全冷却后，才能对遮蔽纸区域的油漆进行检测，避免硬物接触漆面。	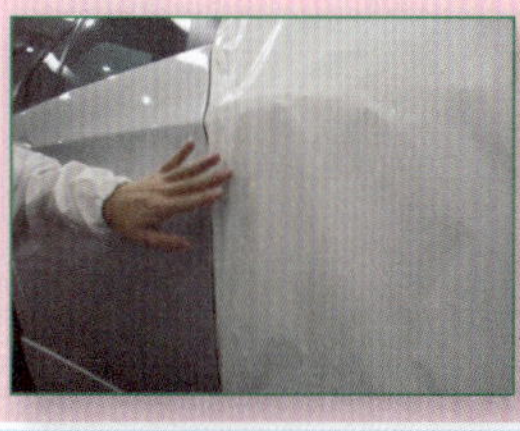
2. 撕掉遮蔽纸	必须在漆面有一点余温时撕掉遮蔽纸，一定要顺着胶带的方向去撕，避免胶带断裂等现象。	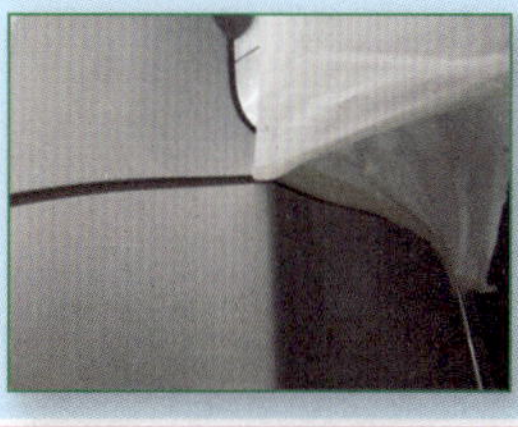
3. 评估漆面	采用手摸、眼观等方法对漆面进行评估，根据缺陷类型的表格进行分析有何种缺陷，是什么原因导致出现的，采用何种方法进行补救。 **温馨提示** 评估时避免用硬物触碰漆面。	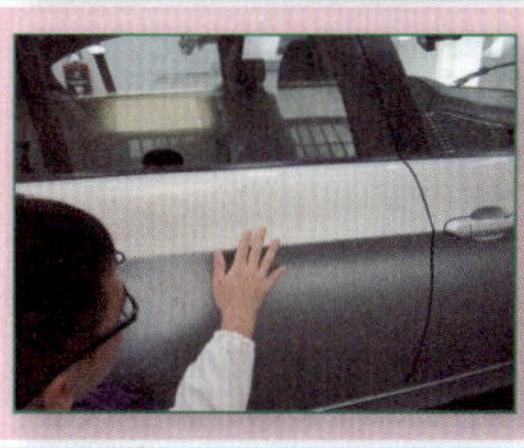
4. 评估完成	进行设备和场地的 5S 整理工作。	

知识链接

抛光的相关知识

抛光的目的

抛光是为了打磨漆面受损的表面，使其显得和未经漆面修复的原始表面相似。如果漆面修复表面和原始表面有差异，必须对修复表面打磨，以使该表面形成流向原始表面的连续纹理。

汽车油漆施涂在车身表面是一个复杂的过程，过程中会因为施工工艺、条件和设备的原因，导致喷涂后的漆面出现各种涂装缺陷。已涂装油漆的车辆在使用过程中同样会因为环境、气候、洗车、工业污染等原因导致出现一些涂装缺陷。这些缺陷很多时候可以采用抛光的方法解决。在原厂的生产线上有时也会出现一些小缺陷，这些缺陷同样需要使用抛光的方法进行清除。

抛光前的干燥评估

涂料的干燥（固化）时间由涂料生产商指定，已经考虑到达到完全干燥状态所需要的各个步骤。

干燥所属的时间

油漆的状况	时间	干燥的情况
无尘	0.5h	灰尘不会粘附到涂料表面
不沾手	3h	即使施加压力也没有黏性
足以安装零部件	12h	干燥到可以安装零部件
干燥固化	24h	固化到足以进行某些其他作业

干燥时的注意事项：

① 烘烤后须完全冷却。

② 自然干燥最少 24h 后或根据产品的干燥要求。

③ 热塑性丙烯酸 / 硝基漆必须等到完全干燥（没有通过化学干燥）。

④ 当漆面用手指测试仍留有指纹时，便不可进行打蜡、抛光。

⑤ 干燥测试需在遮蔽纸上进行。

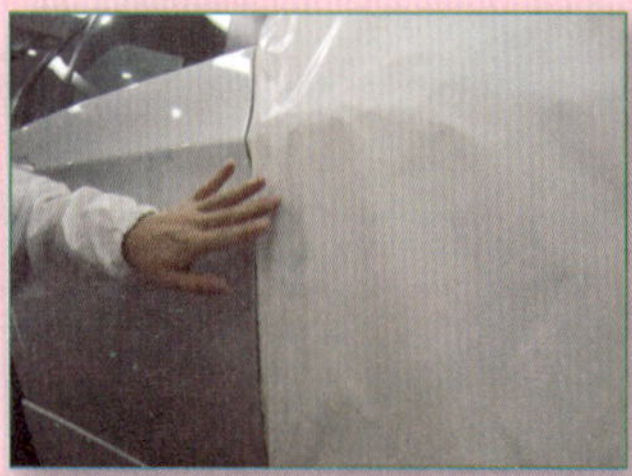

指触干燥法

漆面缺陷介绍

抛光能清除的缺陷有轻微走珠 / 鱼眼、轻微溶剂泡、水印、轻微砂纸痕、氧化物沉积、轻微擦伤（未伤到色漆层）、轻微色差、轻微垂流（流挂）、轻微橘皮、颗粒、尘点、漆雾、失光等。

抛光痕

发花

尘点

橘皮

针眼

痱子

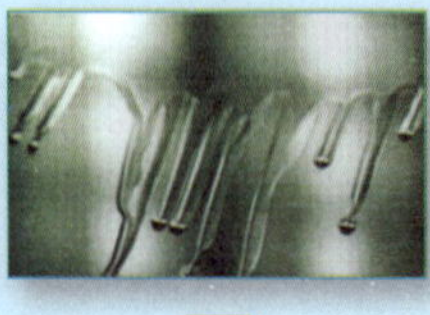

流挂

失光

漆面缺陷

漆面缺陷介绍

漆面缺陷的产生原因、预防方法和补救方法

缺陷类型	定义	缺陷的产生原因	缺陷的预防方法	缺陷的补救办法
抛光痕	不同大小的抛光圆印，特征为光泽减退，或是抛光不足时漆面留下的印迹	①在面漆未干透前抛光；使用的砂纸或抛光蜡性质太粗 ②漆面抛光不足，以至抛光时留下较粗的蜡痕	①抛光前检查面漆是否完全干透 ②使用制造商建议用于特定面漆的抛光蜡和抛光设备 ③抛光有凸起部分的漆面时要小心	确定面漆已经干透后再抛光，如受影响部分仍明显地显现蜡痕，则须打磨后重新喷涂
发花	漆膜表面混浊无光（银粉聚于一团）铝片（银粉）离位	①不正确的喷漆黏度、喷涂方法、静止时间或喷房温度 ②不正确的喷枪喷嘴（口径）、喷涂压力 ③不合适的稀释剂	①利用黏度杯和调漆尺准确地调整喷涂黏度 ②喷涂时保持喷枪与喷涂表面平行 ③选用合适的喷枪与喷嘴（口径） ④选用制造商推荐的稀释剂 ⑤采用制造商提供的技术资料所建议的施工方法	①在清漆干燥后加以打磨和重新喷涂 ②涂上厚膜或清漆前，先涂上薄覆盖层
尘点	涂层表面有微粒凸出	①车身表面在涂漆前没有经过适当的清洁 ②空气过滤网到该更换时间 ③喷漆房气压过低 ④喷漆工穿着不正确、不清洁的衣服	①喷涂前须确定已使用清洁剂清洁车身，确定已经用粘尘布清洁车身表面 ②定期检查过滤网 ③穿着不带绒毛的工作服 ④确保喷漆房环境清洁	①轻轻打磨和抛光受影响的部分 ②打磨整个喷涂部分，然后用除硅清洁剂加以清洁，再重喷
橘皮	表面固化太快而不能流平（表面自我平整的运动）	①不正确的喷涂压力或黏度、喷涂方法或施工温度 ②使用的硬化剂和稀释剂不适合喷漆房的环境 ③底材打磨不足 ④油漆没有搅匀	①严格按照油漆技术资料所建议的混合和施工方法 ②正确地准备和打磨底材 ③避免在极高/极低的温度和湿度下喷涂，同时应注意喷涂重叠、气压及远近距离	将表面打磨光滑，然后利用适合当时环境的硬化剂、稀释剂调节妥当，再重新喷涂，使用P1500～P2000水磨砂纸磨平后，进行抛光
针眼	针刺状小孔，深及中间漆	①采用玻璃纤维底材 ②聚酯填充料（原子灰）混合不足 ③经打磨的表面仍留有溶剂泡 ④聚酯填充料（原子灰）打底不足	①彻底混合聚酯填充料（原子灰） ②不可打磨溶剂泡，或将问题漆膜完全清除 ③填充足够的聚酯填充料（原子灰）	①清除有毛病的面漆 ②打磨后涂上聚酯填充料（原子灰） ③喷涂上底漆后，重新喷涂面漆

漆面缺陷介绍

缺陷类型	定义	缺陷的产生原因	缺陷的预防方法	缺陷的补救办法
痱子	漆面呈现小泡和泡痕。溶剂空气藏在漆膜内，其后逸出，留下泡痕	①漆膜喷涂过厚，使用太快干燥的硬化剂或稀释剂 ②喷枪喷嘴（口径）或喷涂黏度或喷涂气压不正确 ③加温干燥前静止时间不足或烤漆房气流不足	①使用用正确的喷涂黏度、喷涂气压、喷嘴口径 ②使用适当的硬化剂和稀释剂 ③给予足够的静止时间。定时检查烤房内的气压和湿度	烘干后打磨，在受影响的范围内重新喷涂中间漆，打磨后再喷面漆
流挂	油漆在车身垂直流下	①不正确的喷涂黏度、喷涂方法、道层间的静止时间、漆膜厚度 ②喷嘴口径不正确或喷涂气压不正确 ③油漆、底材或喷漆房的温度过低，选用不正确的硬化剂和稀释剂	①依照技术资料所建议的施工方法操作；确定喷枪操作良好 ②将喷涂工件和油漆升温到20℃室温。注意喷涂重叠、气压及远近	面漆彻底硬化后，利用砂纸打磨及棉纱团和抛光材料清除淌流及垂流。必要时打磨后重新喷涂
失光	颜色因时间流逝及质量问题而失去光泽及发生褪色	①面漆下涂层多孔，它会吸收涂料，从而造成褪色 ②涂膜还没有干透时就使用抛光剂 ③涂膜的稳定性差 ④使用过量或不合适的稀释剂	①避免长时间于烈日下暴晒 ②选用配套的稀释剂，避免过量使用稀释剂，或改用双组分油漆	①褪色，必须打磨后重新喷涂漆面 ②失光，可尝试使用抛光打蜡的方法重拾光泽

评估方法

抛光能修复车身漆面的纹理，在对损伤漆面进行抛光的同时，一定要考虑到周边的车身纹理是否一致，并且对于车身常出现的缺陷进行评估，才能保证车身漆面的完美性，同时能顺利地交车。对于抛光缺陷的评估，一般建议用以下两种方法：

①目测就是用眼睛去观察缺陷的情况。在观察的时候要选择光线充足的地方或者在检测灯的帮助下观察。观察时要迎着光线，分不同角度评估，并用记号笔做好标记。

②手摸是用手去检查漆面缺陷的程度。例如橘皮与纹理的区别，必须用手摸才能进行判断。评估时从多个方向仔细检查，在检查时注意身上佩带的手表、戒指等硬物，防止划伤漆面。

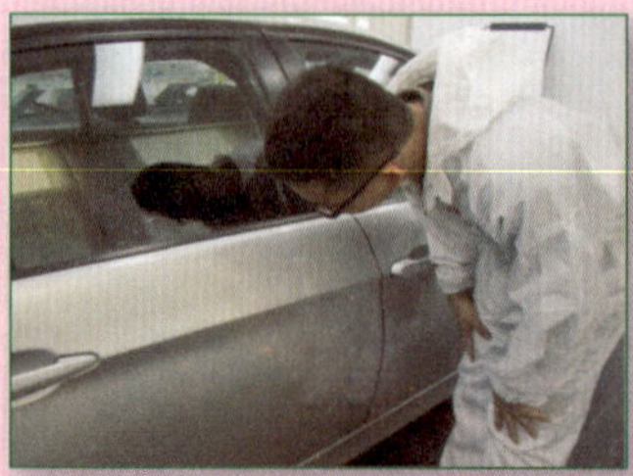

目测

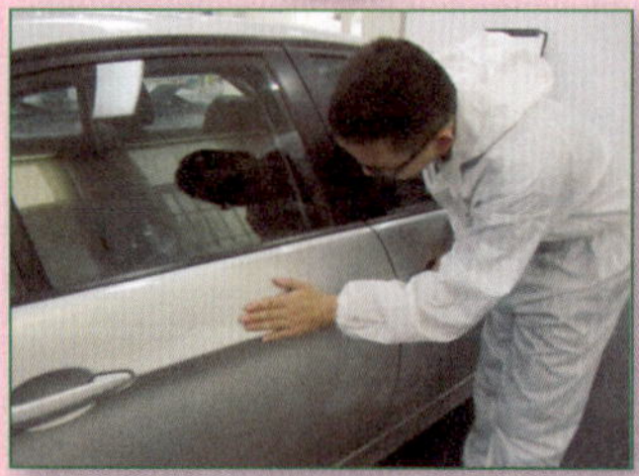

手摸

第二节　抛光前处理

使用设备与实习场景

设备打磨块、抛光机、砂纸、抛光蜡、喷水壶

实习场景

实施步骤

抛光前实施的步骤

步骤、作业内容及技术要求		图　解
1. 选择砂纸	根据漆面不同的缺陷采用不同的砂纸类型进行打磨。 **温馨提示** 操作人员应根据以下推荐进行： 流挂：P800 ～ 1500；橘皮：P1500 ～ 2000；失光：P3000；尘点：P1500。	
2. 使用打磨块	根据不同的漆面缺陷采用不同的打磨块进行打磨，打磨方法需灵活运用。 **小技巧** 操作人员在操作打磨块时，握住打磨石的下部可以保持稳定性，并可减少对涂料表面的损害。如果握住打磨石的上部操作，则打磨石会晃动，容易对涂料表面造成意外的损伤。 要以尽可能小的圆圈移动打磨石，以减少对颗粒周围表面的损伤。如果仅以一个方向移动打磨石，则会造成表面不平。	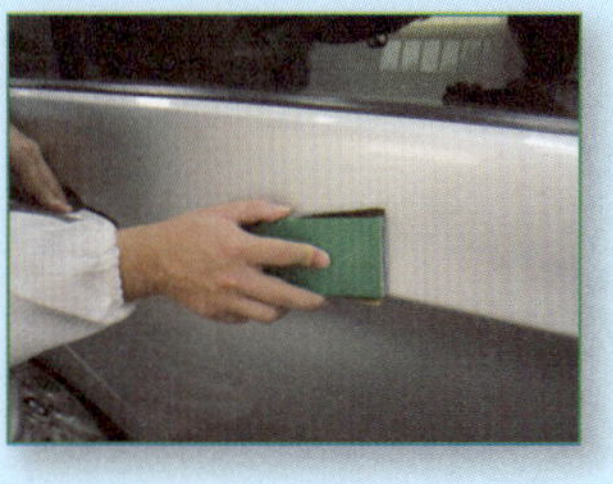
3. 评估漆面	采用材质较软的橡胶刮板或者纯棉的毛巾对表面进行评估，以判断漆面的缺陷是否被去除。 **小技巧** 若表面未被去除，则需评估表面是否可以继续进行打磨，以避免漆面被磨穿；若表面存在凹凸面，则表示打磨的方法使用不当，应及时更换打磨的方法。	

抛光实施的步骤

步骤、作业内容及技术要求		图　解
1. 使用抛光蜡	根据漆面缺陷的大小判断抛光蜡的需要量。 **小技巧** 操作人员应根据实际情况来确定抛光蜡需要的量。 若漆面的纹理差别大，则需要先选择粗蜡抛光，再选用细蜡收光。若漆面为浅色，则根据漆面的状况选择粗蜡；若漆面为深色，则一定要用细蜡进行抛光。 应用于单组分涂料的抛光蜡不适用于烤漆。不要使用含有硅的抛光蜡，环保的水性涂料可以进行抛光。 质量好的抛光蜡不应该在工件表面留下瑕疵，而且容易从表面清除。施工时要注意使用的量，太多不仅会造成浪费，而且需要大量的清洁工作。	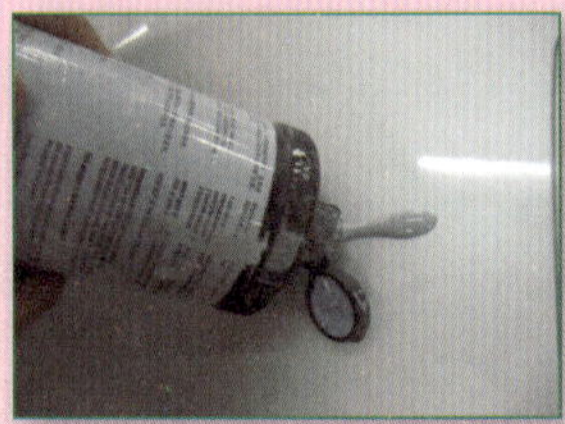
2. 使用抛光机	采用单向抛光机配合正确的抛光方法进行抛光作业。对于一些深色的漆面，需使用离心式抛光机。 **小技巧** 在涂料干燥后已经去除遮蔽胶带的边界处重新铺上遮蔽胶带。在打开抛光机前，将抛光垫抵住表面。 抛光时必须保持抛光机移动。 抛光中使用水来防止面板温度上升而烧焦抛光剂。 面板边缘附近的涂层以及特征线非常薄，可以很轻易地被打磨掉，因此需用保护胶带遮蔽这些部位，并使抛光垫接触到作业表面。	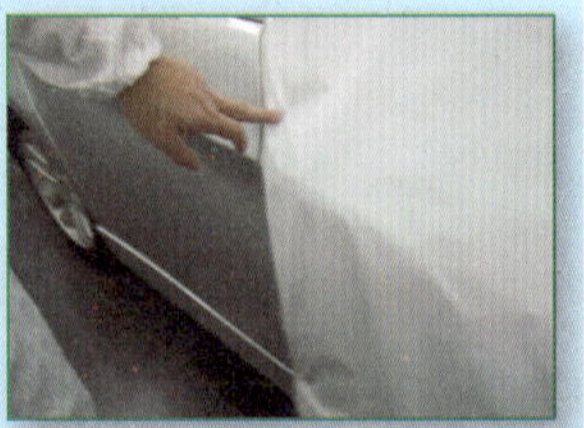 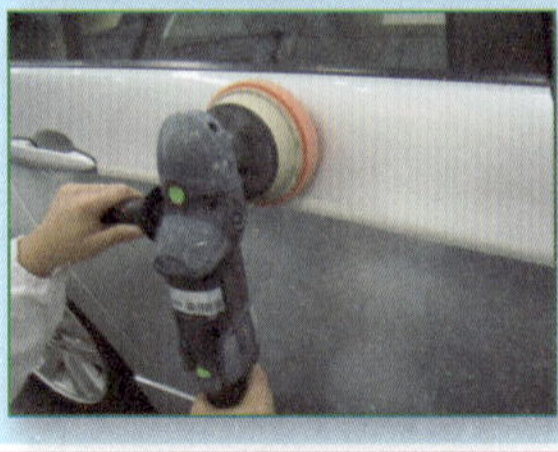
3. 评估漆面	采用纯棉的毛巾对表面进行评估，判断车身的纹理是否一致，车身漆面是否还存在涂装缺陷。 **温馨提示** 评估时尽量选择在有光的地方进行。	
4. 评估完成	进行设备和场地的5S整理工作。	

知识链接

抛光设备、使用方法及原理

抛光设备	① **打磨块** 去除脏点和其他小缺陷。	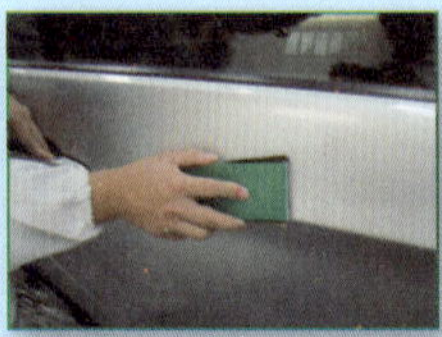  打磨块

抛光设备

② 砂纸

配合打磨块进行去除缺陷。缺陷类型不同，所用到的打磨砂纸的号数也有所不同。

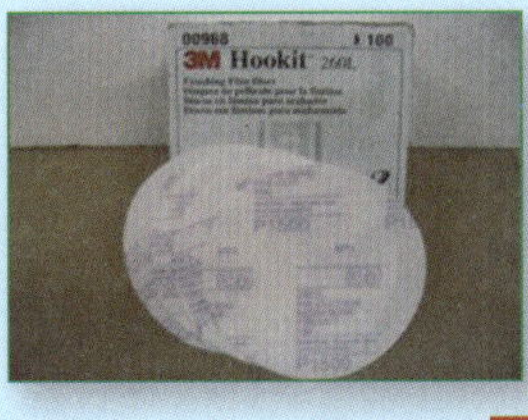

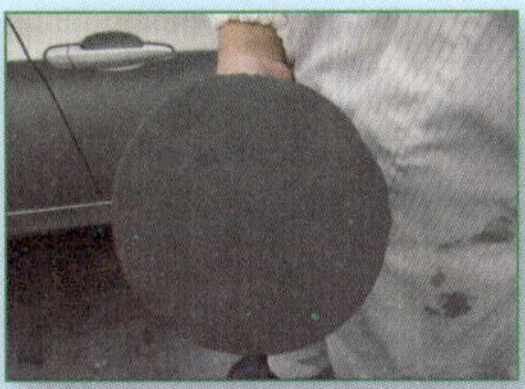

砂纸 P 1200 ～ P 1500/ P 2000

③ 抛光机

有电动及气动两类。根据不同需求，可以采用不同种类的抛光机。

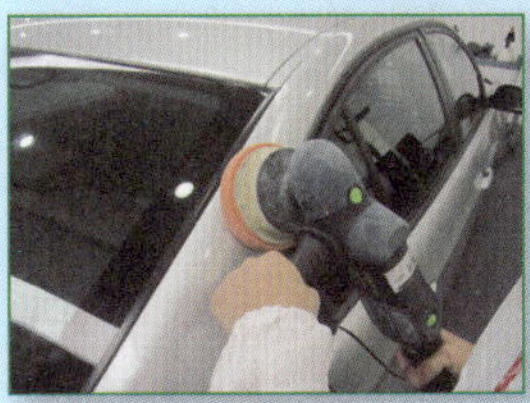

电动抛光机

气动抛光机

④ 抛光蜡

粗蜡、中等粗度蜡及细蜡。

粗蜡	中等粗度蜡	细蜡
能够轻松清除 P1200 ～ P1500 粒度粗砂划痕，与羊毛垫一起使用，易于清洁，不留下涡状痕迹，适用于所有面漆涂层表面	一种设计去除严重化合物漩涡、轻度氧化与轻度砂纸痕迹的侵蚀性、耐久切削平整釉料。 不含蜡或硅酮，清洗快速容易，可与细海绵垫一起使用	与细海绵垫一起使用 一种光滑切削平整釉料，设计用于去除化合物薄雾，轻度划痕以及漩涡痕迹，用于深色涂料效果更佳，可增加颜色深度，不含蜡或硅酮，清洗快速容易

⑤ 抛光盘

羊毛盘、黄色海绵盘和黑色海绵盘。

黄色海绵盘

黑色海绵盘

羊毛盘优点：能够快速清除车身表面的砂纸痕及微小划痕。

海绵盘优点：抛光时工件不会过热，施工不会对漆膜有很大的损害。

⑥ 清洁剂

不含硅酮的表面黏土润滑剂和除垢剂，其配方能够轻松去除化合物和抛光剂残留，能有效去除涂层、玻璃和电镀上的斑点、指纹及涂料污迹，使面漆清洁，有光泽。对于细黏土而言是很好的润滑剂。

⑦ 黏土条

快速去除表面污物，如涂料误喷、工业沉降物、尘土、新鲜水渍、小虫残骸以及树的汁液等。在所有类型的表面上均可安全使用，如干净涂层和单级涂料、玻璃、金属和塑料。

抛光方法及原理

1. 需要抛光的修复表面的种类

需要抛光的修复表面主要有纹理不一致、尘点及流挂等几种类型。

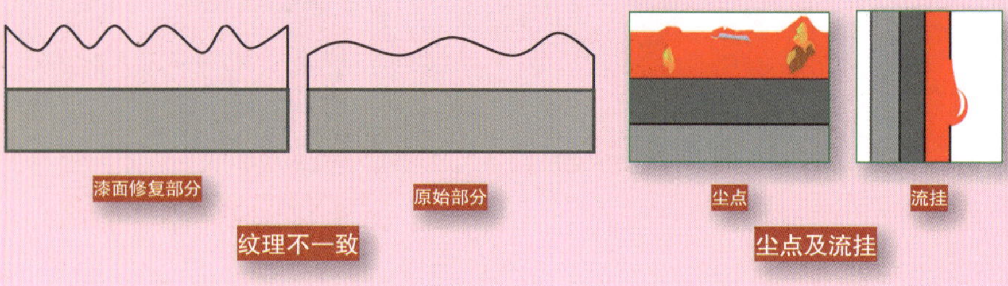

2. 抛光原理（以纹理不一致为例）

抛光的阶段	阶段说明	阶段示意图
第一阶段	通过湿打磨的方式进行纹理修复	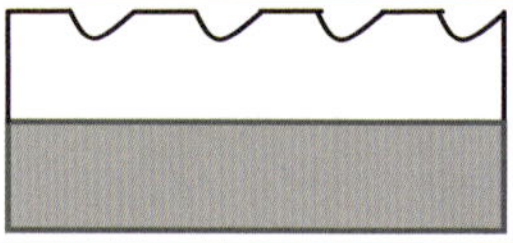
第二阶段	用粗颗粒的抛光剂调整光泽	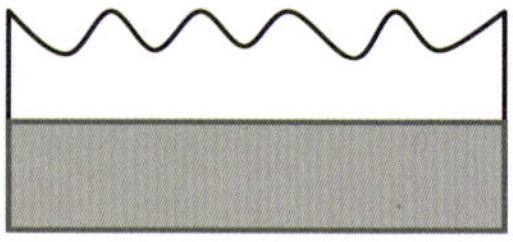
第三阶段	用细颗粒的抛光剂制造光泽	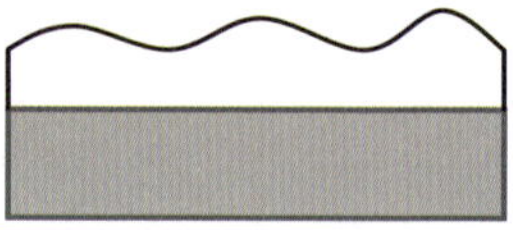

3. 检查涂料纹理

面漆纹理	圆拱高度偏差	纹理状况
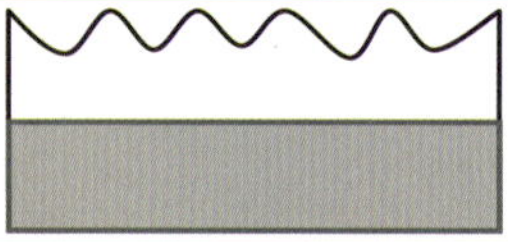	原始纹理（标准）	无
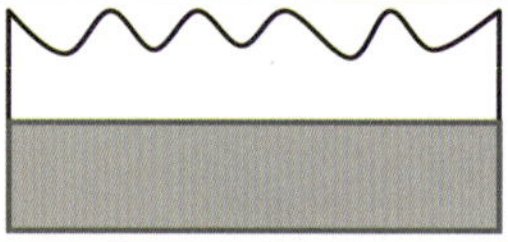	相同（无需抛光）	修复表面和原始表面无纹理上的区别
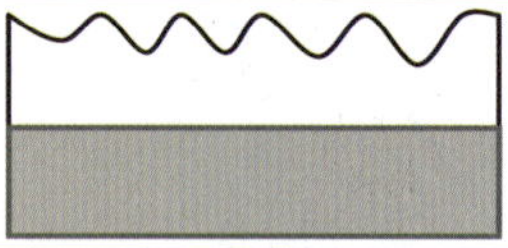	相同（需要抛光）	修复表面和原始表面上的纹理有轻度不同
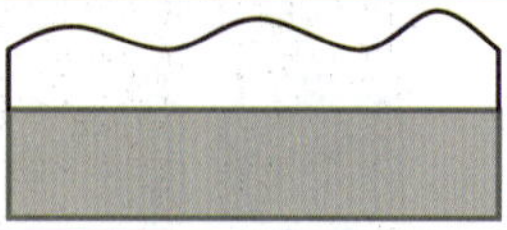	中等（需要打磨和抛光）	修复表面和原始表面上的纹理有明显的区别
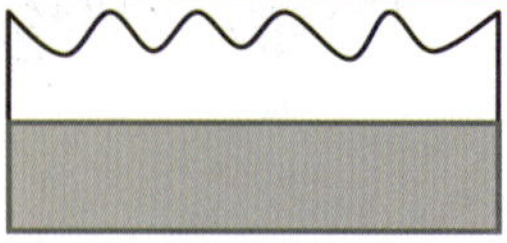	大（需要漆面修复）	极度凹凸不平，需要打磨和修复
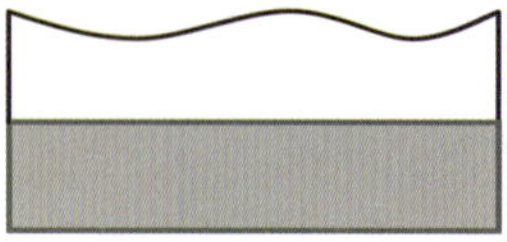	大（需要漆面修复）	修复的纹理圆拱比原始纹理低

<table>
<tr>
<td rowspan="6">抛光方法及原理</td>
<td rowspan="2">4. 检查有无尘点和流挂</td>
<td>检查涂料有无尘点和流挂，如有，则决定适当的抛光方法。
使用湿的打磨石磨掉小的局部的尘点和流挂。
如果在面板上很大范围内均有流挂，则表面必须被修复。</td>
<td>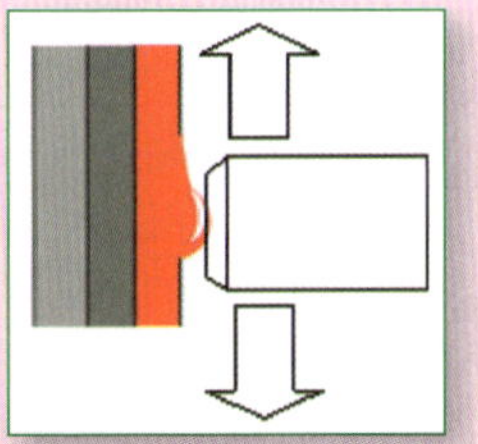
使用湿的打磨石去除尘点和流挂</td>
</tr>
<tr>
<td colspan="2">为了修复颗粒和垂挂，使用 P1500 ～ P3000 的砂纸去除此缺陷。
如果漆面修复部分和原始部分的纹理不一致，则需用 P1500 ～ P2000 砂纸打磨粗糙的纹理，使其光滑。
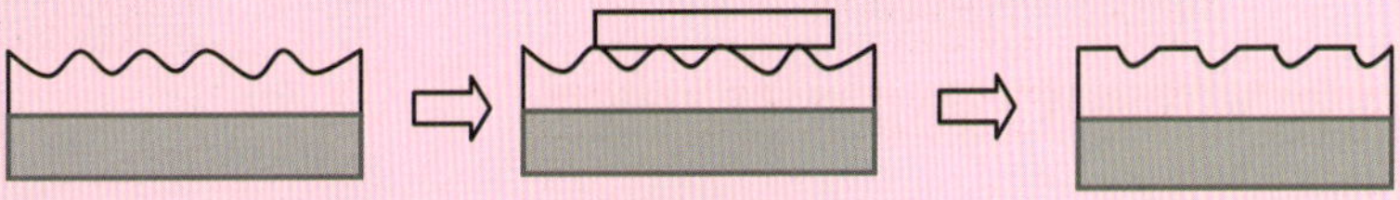
研磨纹理
小技巧
在砂纸上放一点肥皂，可以减少砂纸的沙粒堵塞。
当上述缺陷的研磨阶段完成后，即可使用抛光机进行抛光。</td>
</tr>
<tr>
<td rowspan="3">5. 抛光作业中的注意事项</td>
<td>① 在涂料干燥后已经去除遮蔽胶带的边界处重新铺上遮蔽胶带。
② 抛光时双手紧紧握住抛光机，将电源线绕过一个肩膀。
③ 涂料表面不得留有任何抛光剂，否则会损伤涂料。
④ 在打开抛光机前，将抛光垫抵住表面。
⑤ 抛光时必须保持抛光机移动。</td>
<td>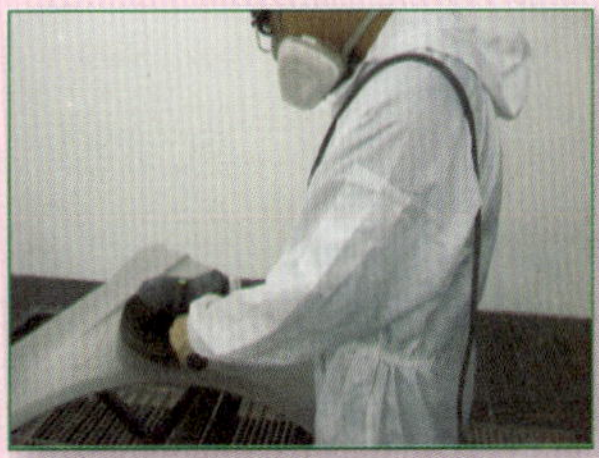
使用抛光机抛光</td>
</tr>
<tr>
<td>⑥ 抛光中使用水来防止面板温度上升而烧焦抛光剂。
⑦ 面板边缘附近的涂层以及特征线非常薄，可以很轻易地被打磨掉，因此需用保护胶带遮蔽这些部位。另外，需使抛光垫接触到作业表面。
⑧ 需用浸过水的抹布迅速拭去粘在涂料上的抛光剂。
⑨ 抛光垫须完全接触到工件表面，或稍微抬起一点。</td>
<td>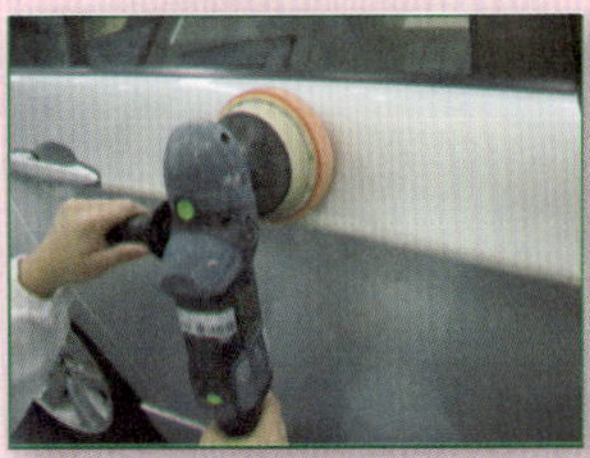
粗抛</td>
</tr>
<tr>
<td>⑩ 完成抛光作业后，需彻底清洗抛光垫，并使其干燥。
⑪ 抛光驳口区域（应从新漆面向旧漆面的方向抛光）。
⑫ 抛光后清洁车辆。
温馨提示
不要用毛巾等粗纤维材质，否则会在涂料表面形成细微的划痕。</td>
<td>

抛光机运动方向</td>
</tr>
</table>

第三节 抛光打蜡

使用设备和实习场景

使用设备打磨块、抛光机、砂纸、抛光蜡、喷水壶

实习场景

实施步骤

抛光打蜡的评估步骤

步骤、作业内容及技术要求		图解
1. 去除缺陷	采用不同的方法去除漆面的缺陷。 温馨提示 **去除流痕**：用 P800 ～ P1000 号研磨材料配合打磨块，小心地湿磨表面直到流痕消失，和周围一样平整。 去除脏点和其他的小缺陷：使用 P2000、P2500 17/16in 的磨片配合专门的打磨“蘑菇头”（用干净水湿润表面）。 去除分布面积较大的不理想区域：用 P1500 号、150mm 或 76mm 直径、配合软质打磨垫的磨机。（尽量保持表面清洁，无磨灰，因为打磨尘点闭塞打磨材料表面，可能造成打磨时在漆膜表面留下过深的磨痕）。	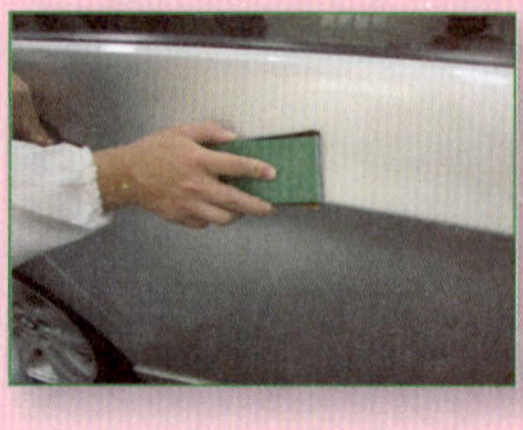
2. 细打磨	采用精细的研磨砂盘对漆面进行细打磨。 温馨提示 缺陷经打磨后，需要做再次细打磨（更新后的），可用 150mm 或 75mm 直径、P3000 号、细磨砂盘（用喷水壶喷水湿润表面）打磨，以使之前的打磨痕尽量细微。 细微的表面纹理（如微小的脏点、“橘纹”）可以用细磨砂盘研磨掉，而无需预打磨。 研磨材料打磨非常柔和，所以对于较严重的缺陷，先按照本文开始时描述的方法打磨。	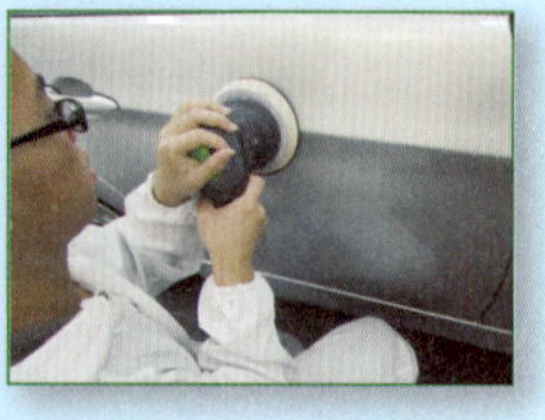
3. 评估漆面	采用材质较软的橡胶刮板或者纯棉的毛巾对表面进行评估，以判断漆面的缺陷是否被去除。 温馨提示 若表面未被去除，需评估表面是否可以继续进行打磨，以避免漆面被磨穿，若表面存在凹凸面，则表示打磨的方法使用不当，应及时更换打磨的方法。	

4. 粗抛	采用单向抛光机配合黄色海绵盘或羊毛盘进行抛光作业。 **温馨提示** 请勿将机器速度设定在 1200 ~ 1900r/min（2 级或 3 级）内，以防面板受热过快。请勿将抛光蜡涂在车体板上，而是涂在抛光轮上。开始抛光时，施加一定压力，然后缓慢降低压力，以实现抛光蜡的最佳抛光效果。如果您的海绵轮是新的或干的，请用喷雾器使其略微润湿。	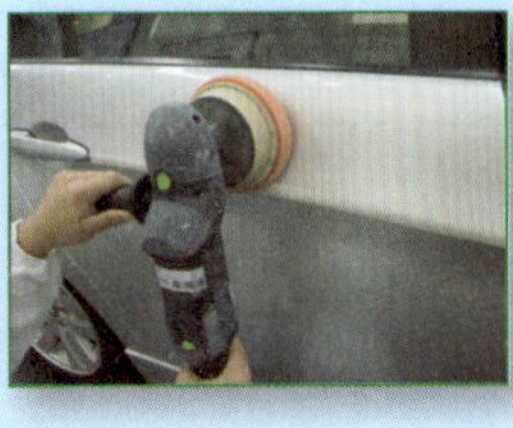
5. 细抛	采用单向抛光机或者离心式抛光机配合黑色海绵盘进行抛光作业。 **温馨提示** 请勿将机器速度设定超过 2500r/min，以防面板受热过快。仅用少量抛光剂即可。请勿将抛光剂直接涂在车体面板上，而是涂在抛光轮上。如果是黑色的表面，尽量采用离心式抛光机，这样更有利于最终的漆面效果。如果海绵轮是新的或干的，请用喷雾器使其略微润湿。	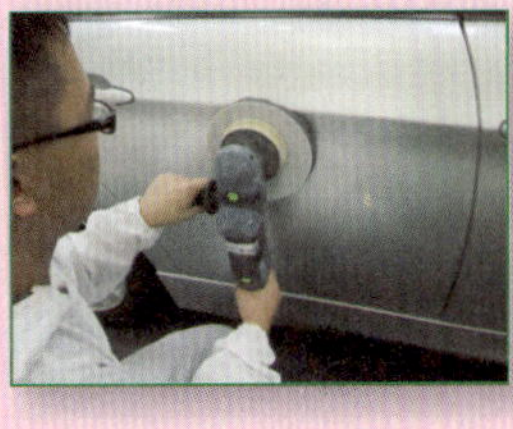
6. 评估完成	进行设备和场地的 5S 整理工作。 **温馨提示** 在抛光过程中及完成抛光后做表面清洁时，需要使用干净、无尘的高性能擦拭布。	

知识链接

抛光工艺步骤

1. 抛光工艺	去除流挂：用 P800 ~ P1000 研磨材料配合打磨块，小心地湿磨表面直到流痕消失，和周围一样平整。 去除脏点和其他的小缺陷：使用 P2000、P2500 17/16in 的磨片配合专门的打磨“蘑菇头”（用干净水湿润表面）。	 去除流挂
	去除分布面积较大的不理想区域：用 P1500 号、150mm 或 76mm 直径、配合软质打磨垫的磨机。（尽量保持表面清洁，无磨灰，因为打磨尘点闭塞打磨材料表面，可能造成打磨时，在漆膜表面留下过深的磨痕）。	 软垫
2. 精细打磨	缺陷经打磨后，需要做再次细打磨（更新后的），可用 150mm 或 75mm 直径。P3000 号。细磨砂盘（用喷水壶喷水湿润表面）打磨，以使之前的打磨痕尽量细微。 细微的表面纹理（如微小的脏点，“橘纹”）可以用细磨砂盘研磨掉，而无需预打磨。 研磨材料打磨非常柔和，所以对于较严重的缺陷，先按照本文开始时描述的方法打磨，再使用该材料。 使用合适匹配的机械磨头。	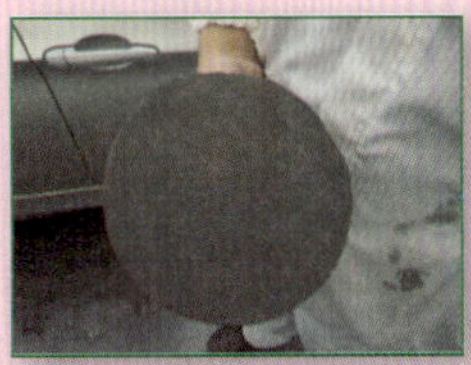 细磨砂盘

<table>
<tr><td>3. 粗抛光</td><td>请将机器速度设定在 1200 ～ 1900r/min（2 级或 3 级），以防面板受热过快。用直径为 150 mm 的黄色泡沫海绵轮，以及适量的抛光蜡抛亮打磨过的表面缺陷区域（请勿将抛光蜡涂在车体板上，而是涂在抛光轮上）。开始抛光时，施加一定压力，然后缓慢降低压力，以实现抛光蜡的最佳抛光效果。

粗抛组合（抛光机、粗盘、粗蜡）
温馨提示
如果您的海绵轮是新的或干的，请用喷雾器使其略微润湿。</td></tr>
<tr><td>4. 细抛光</td><td>新漆膜（油漆烘干后的 4h 内）应该使用双动作抛光机于开始抛光。对于旋转式抛光，使用适量的抛光蜡配合黑色泡沫海绵轮进行旋转抛光。
如果涂膜完全干燥，建议使用旋转式预抛光，再进行最终的双动作抛光，避免漩涡纹，否则会花费更多的时间恢复完全干燥固化漆膜的光泽。

细抛组合（抛光机、细盘、细蜡）</td></tr>
</table>

注意

在抛光的每个步骤结束后，都应该在抛光过的表面上喷“面漆检查喷雾剂”，然后使用高性能布擦拭。如果擦拭后出现低光泽区域，须重复最后一步抛光步骤。这样可用于检查抛光效果，避免再次出现原有漆面缺陷。

第六章 调色技术

第一节　素色漆微调

实习场景

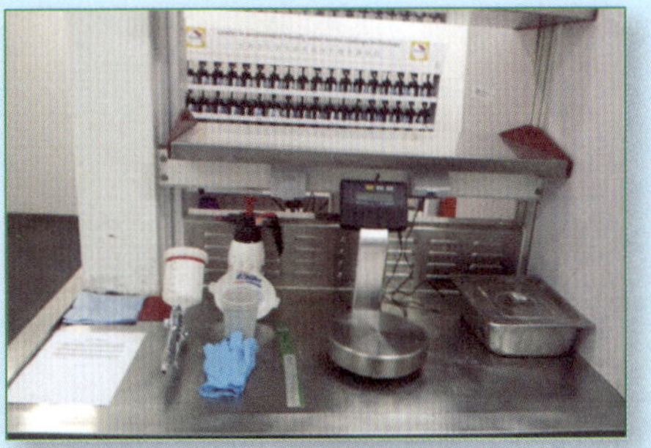
操作场地

实施步骤

调色的步骤

步骤、作业内容及技术要求		图　解
1. 查找车身颜色代码	每辆车在出厂前都会在车身某部位标有该车的基本信息，其中包括颜色代码。 **温馨提示** ① 车品牌型号不同，车身颜色代码各有不同。 ② 操作人员身上不要佩戴锋利、坚硬的饰物，以免损伤漆面、漆面装饰品等。	
2. 比对车身颜色	若没有找出车身颜色代码，或该车改过颜色，则可以利用色卡查找相近色进行调配。 **温馨提示** 邻近色尽可能多选择一到两个，预防发生“同色异构”现象。	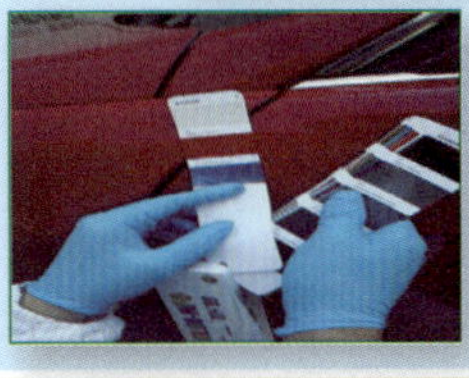
3. 查询配方	根据车身颜色代码或色卡上提供的色号，进行网络配方查询。 **温馨提示** 选择配方时要选择最新的颜色配方，避免颜色色差较大。	
4. 开启调色架	每次调色前，应对色母搅拌 15 ～ 20min。	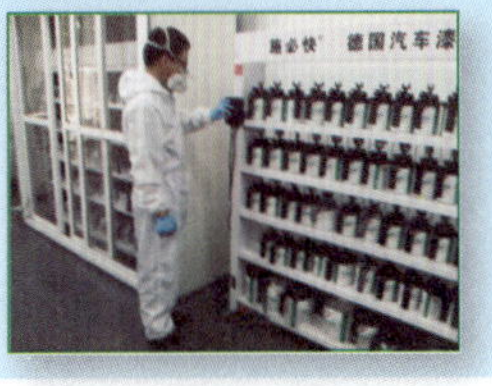

5. 检查色母量	检查调色架上的色母是否足够此次调色及受损板件的喷涂。 **温馨提示** 检查时，若色母量不足，应及时补充。更换方法应询问部门主管，并及时进行登记。	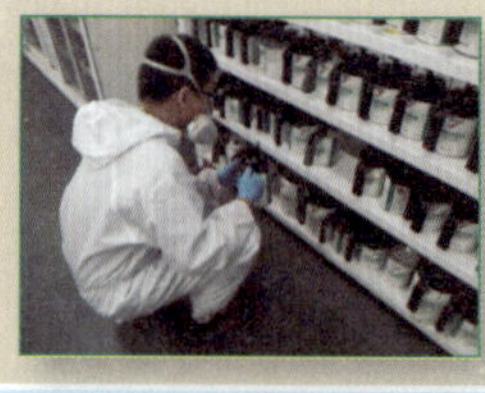
6. 调色设备、工具清洁复位	清洁调色天平及其他调色材料，对调色秤清零。 **温馨提示** 工具的清洁度对称量色母的影响很大，应对每个工具及设备进行擦拭。	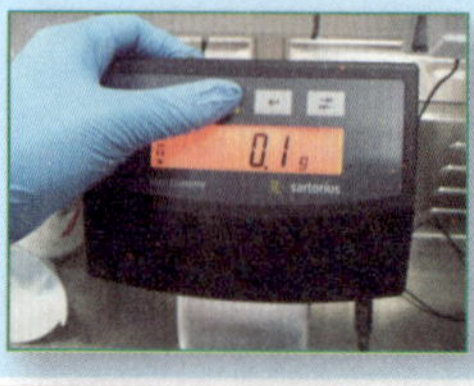
7. 倾倒色母	按照配方倾倒色母。 **温馨提示** 倾倒色母时，应根据色母需求量小心倾倒，避免倒入过多造成不必要的浪费。	
8. 刮涂样板	进行素色漆调色时，刮涂色板可以节省大量的时间。 **温馨提示** 挂图面积以 3cm×3cm 最佳，切记刮涂要均匀且遮盖住底材颜色。	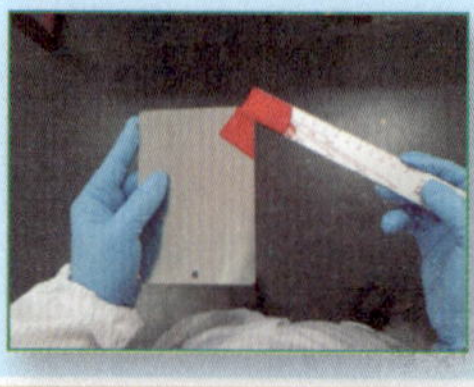
9. 比对颜色	颜色比对时，试板应与车身保持同一角度。 **温馨提示** ① 色板尽可能轻轻放在车身表面，以免损伤漆膜。 ② 操作人员身上不要佩戴锋利、坚硬的饰物，以免损伤漆面、漆面装饰品等。	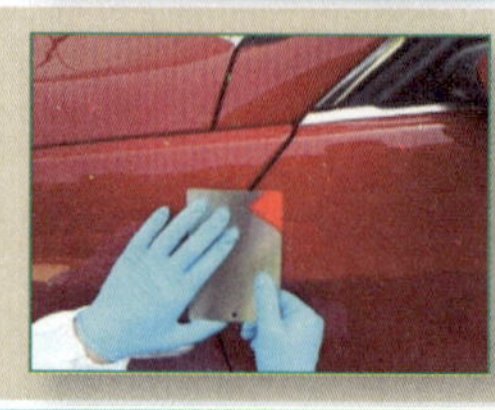
10. 鉴定所缺颜色	当拿捏不准颜色走向的时候，可以借助色母特性表，根据色母特性进行微调。 **温馨提示** 进行微调颜色时尽量避免添加补色，以防止彩度降低，没办法再调整过来。	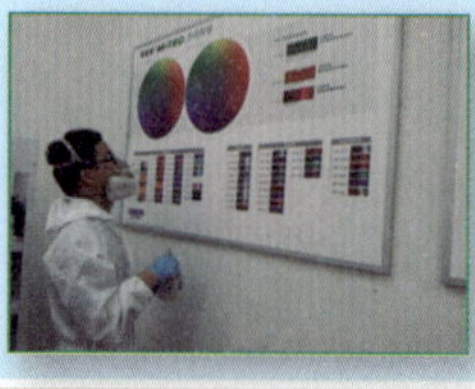
11. 添加所缺量	确定所缺色母后进行色母添加。 **温馨提示** ① 色母倾倒时应根据色母需求量小心倾倒，避免倒入过多造成不必要的浪费。 ② 添加色母前，清零调色天平。	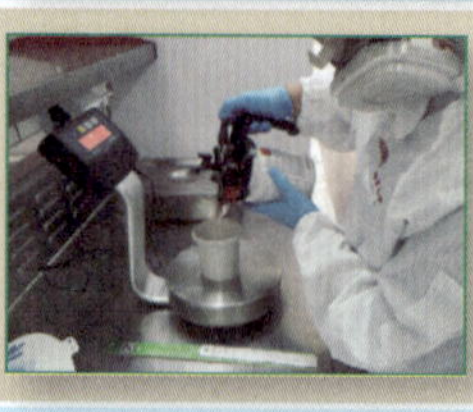
12. 记录配方	将添加的色母记录下来，便于颜色存档。	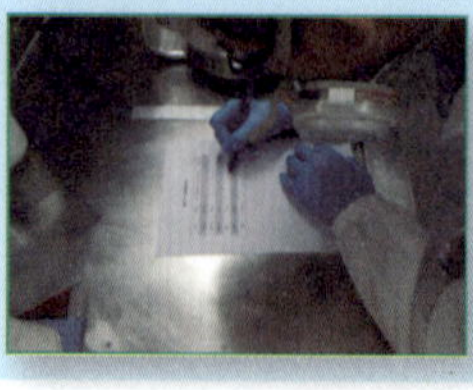

13. 喷涂样板	参照产品说明添加适当的稀释剂，选择 1.3mm 口径喷枪进行色板喷涂。 **温馨提示** 喷涂样板时，喷涂的手法应与喷涂工件时一致，并且将底材遮盖住。	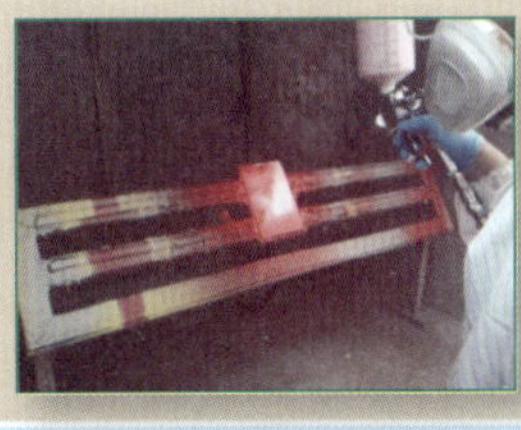
14. 烘烤试板	轻轻将色板放置于烘烤箱进行烘烤干燥。烘烤温度为 65℃左右时，烘烤时间为 20 ～ 30min。 **温馨提示** 烘烤前色板应进行充分的闪干，若闪干不充分会造成颜色比对不准确。	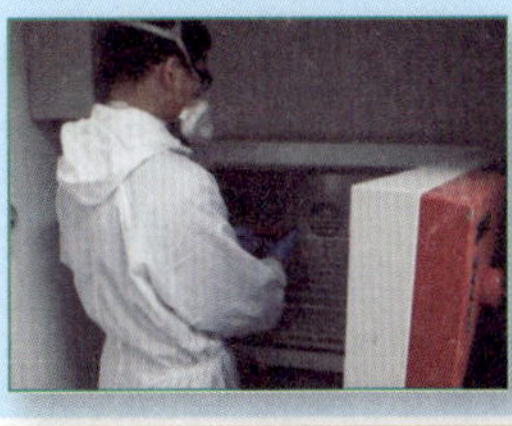
15. 比对颜色	进行颜色比对时，试板应与车身保持同一角度。 **温馨提示** ① 色板尽可能轻轻放在车身表面，以免损伤漆膜。 ② 操作人员身上不要佩戴锋利、坚硬的饰物，以免损伤漆面、漆面装饰品等。	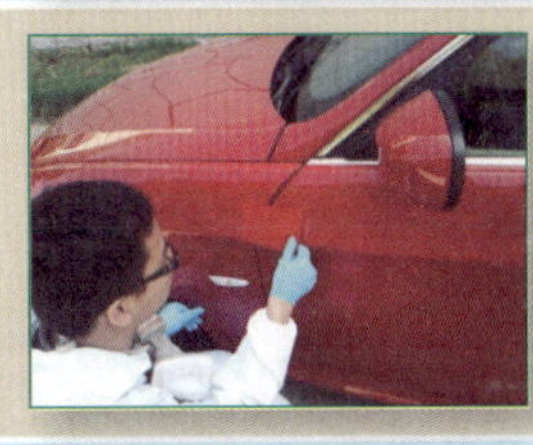
16. 调色完成	测试数据，确保颜色的准确性。 **温馨提示** 颜色数据必然会存在一定的差距，确保在人肉眼无法识别范围以内便可。	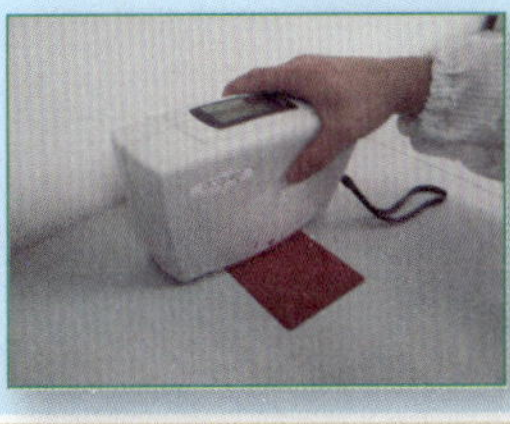
17. 颜色存档	确认颜色后应及时将颜色信息保存。 **温馨提示** 颜色保存信息包括车辆基本信息、颜色名称、颜色编号、配方数据、喷枪型号、喷涂道数和气压、配方日期、制作人姓名。	
18. 调色完成	进行设备及场地 5S 工作。	

知识链接

颜色的相关知识

认识颜色	1. 颜色的形成和属性	颜色是光刺激人们的眼睛产生的一种感觉，颜色不能离开光单独存在，在黑暗中看不见物体，更看不到颜色。 光线投射在视网膜上后，形成某种信息，大脑对这种信息进行辨认，产生一种生理感觉，它就是通常所称的“颜色”。所以，颜色是光线和感官共同作用后所引起的生理感觉。	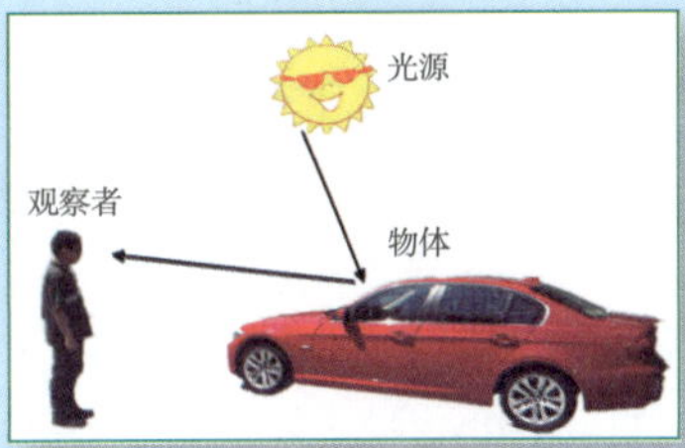 观察颜色的三要素

认识颜色

（1）可见光

光是一种电磁辐射。一般情况下。只有在 380 ～ 780nm 之间的电磁辐射才能被人的视觉观察到，称之为可见光。因此，物体的颜色是指在日光（白光）的照射下所呈现的颜色。1666 年，英国著名科学家牛顿第一次揭示了白光的秘密，他用一块棱镜片成功地将白光分成红、橙、黄、绿、青、蓝、紫七种颜色，后来他又设法用透镜把这七种单色光聚集在一起，还原为白色光，由此人们得知白光是由七种单色光组成的。

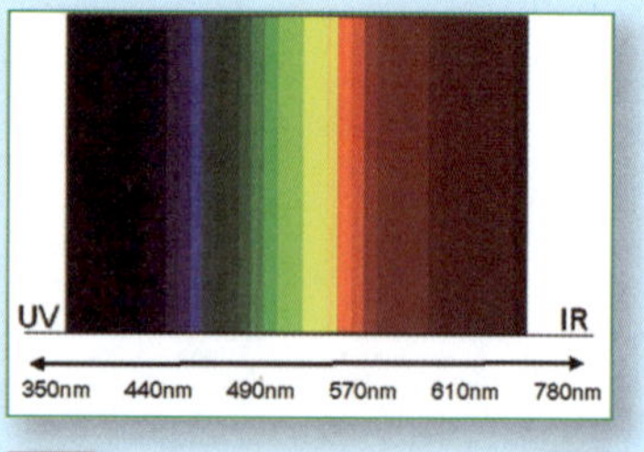

全光谱及各色光波长

（2）光源的特性

人的眼睛可以在两个相邻颜色的过渡区域中看到次级色。一般来说，波长变动 1 ～ 2nm 时，人眼就能察觉出颜色的变化。

如果一个物体表面把照射在上面的白光中的所有组分全部反射出来时，则物体呈现白色。而白光中的所有组分都以同样的程度被物体所吸收时，物体呈现灰色，被吸收的光量越大，灰色越深，全部被吸收时物体便呈现黑色。白 - 浅灰 - 中灰 - 深灰 - 黑的一系列颜色便构成了颜色的非彩色一类。

如果白光照射在物体上时被选择性地吸收，即吸收了某些波长的光而反射了其余的光，则物体便会呈现那部分反射光的颜色。如红光被吸收时，物体呈现蓝紫色；绿色被吸收时，物体呈现红紫色；黄色被吸收时，物体呈蓝色。反之，当蓝色被吸收时，物体呈黄色。组成光的各组分被选择吸收的结果，使物体呈现红、橙、黄、绿各种颜色，这便构成了颜色的另一类——色彩。

不同的光源提供不同程度的能量，所以在自然光线下看上去一样的两块颜色，在钠灯光下却差别明显。

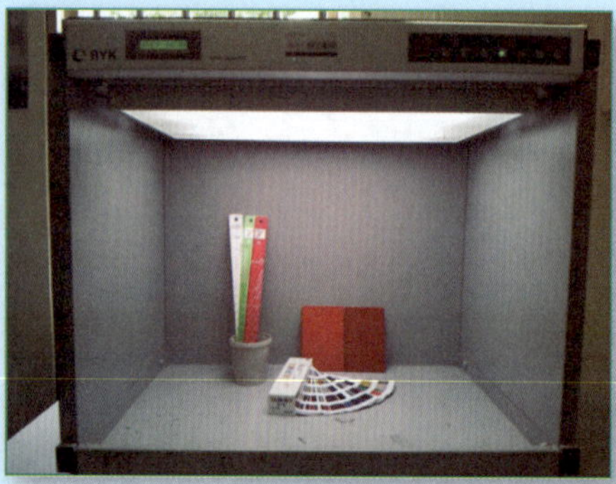
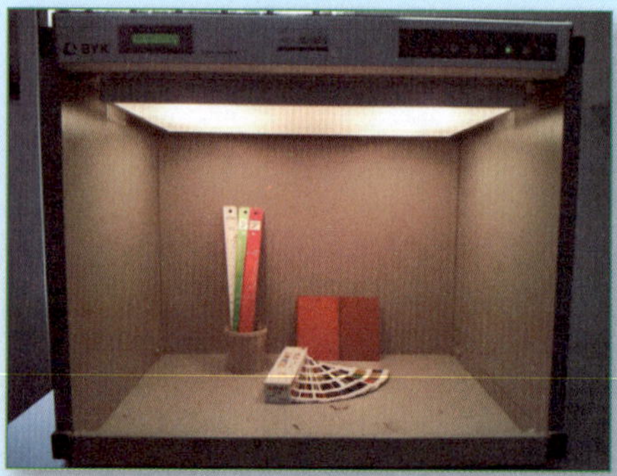
不同光源下物体呈现的颜色不一样

因为光源会干扰颜色的辨别并且物体也会反射颜色，所以在进行涂装颜色调配时尽可能穿淡色系的衣服，调配的环境也应当以白色或灰色为主。

（3）观察者生理及心理条件的影响

颜色是物体反射特定波长光刺激人们的眼睛，视觉神经将信号传递到大脑，经大脑处理产生一种感受。人的生理状态不同，对光刺激的敏感程度也不一样，正常人能分辨出 2000 余种颜色。但也有人对颜色的分辨能力较差，更有甚者是全色盲，也有对某区域光的色盲。

2. 颜色系统

（1）颜色定位系统

奥斯特瓦德颜色定位系统是目前世界上应用最广的颜色定位系统。颜色的三属性分别为：色相、明度、彩度。

① **色相：**色相分为 3 个主色调：红、黄、蓝。在相邻的两个颜色之间又定义了 3 个次色相：红 - 黄、黄 - 蓝、蓝 - 红。

认识颜色

色相又称色调，是区分不同颜色的视觉属性，它取决于光源的光谱组成以及物体表面对各种可见光的反射比例，是表示物体的颜色在“质”的方面的特性。

② **明度**：色环中央的轴表示亮度，越往上越亮，往下就暗。当一个点在轴上从上往下运动时，颜色从白变灰，最终变成黑色。

明度是人眼对物体明亮程度的感觉，是人眼对物体反射光强度的感觉，是表示物体的颜色在“量”的方面的特性。明度与光源亮度有对应关系，光源越高，则观察到的颜色的明度也越高，但由于人的视觉灵敏度有限，所以当光源变化不大时，往往感觉不到明度的变化，所以明度和亮度是有区别的。

③ **彩度**：颜色离中心越远，越纯净，彩度越高；颜色靠中心越近，越灰，色度越低，渐渐地变成没有色彩的白色、黑色或者灰色。

彩度又称饱和度，是表示颜色是否饱和纯净的一种特征。物体反射出的光线的单色性越强，物体颜色的彩度值越高。参入白光成分越多，就越不饱和。当参入的白光比例大到足以掩盖其余光线时，看到的就不再是彩色的而是白色的，所以白色、灰色、黑色等无彩色颜色的饱和度最低。饱和度取决于物体表面对光的反射选择性程度，若对某一很窄波段光有很高的反射率，而对其余波长的光反射率低，则说明颜色的饱和度很高。

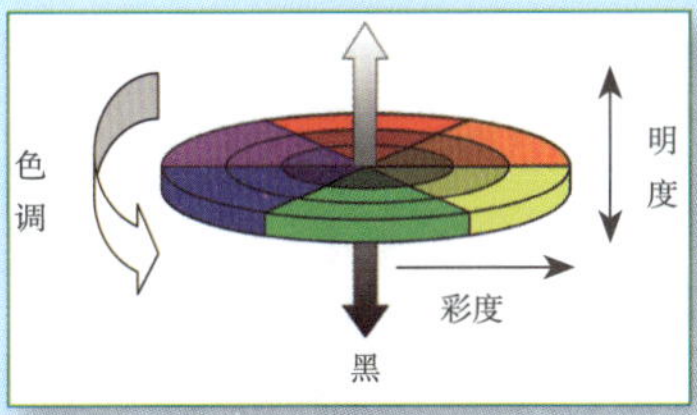

奥斯特瓦德色相环

（2）混合颜色系统

光的三原色：混合光三原色（红、绿、蓝）则会成为白光，这三种光线产生 6 种光谱的颜色。

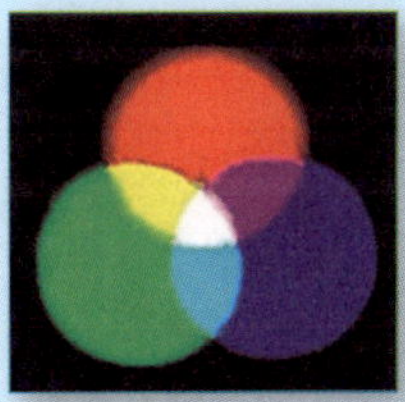
光的三原色

物体三原色：与光一样，物体的三原色（红、黄、蓝）相互混合后也会产生其他颜色。

颜色相互重叠可以产生另一种颜色，这种颜色称为**次级色**。

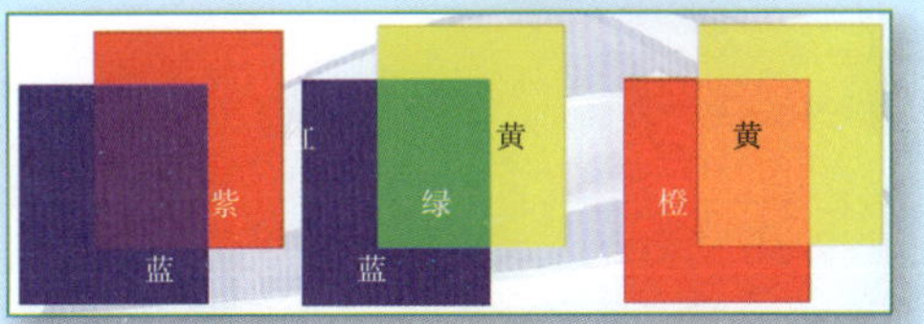

次级色

补色：在色环中，颜色相互对应的颜色叫补色。

补色

混合补色：如混合两个补色，则将得到一个灰暗的颜色。这两个颜色会相互减弱对方。

混合补色

认识颜色

颜色的明度：黑和白所展现的是几乎差不多比例的波长。从黑到白的等级划分如右图所示。

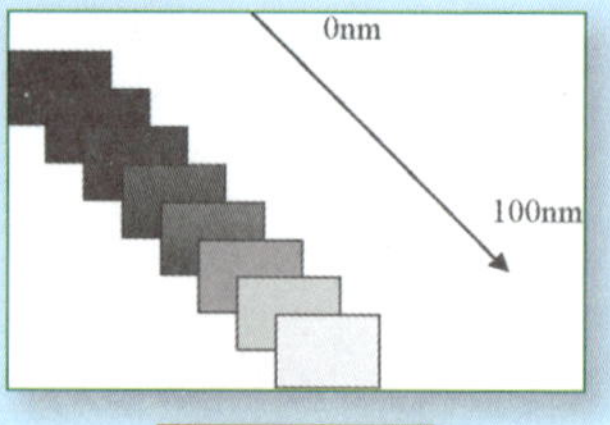

光亮度（明度）

颜色的彩度：彩度或者饱和度就是颜色的鲜艳程度（更干净或更脏）。

彩度较低　彩度较高

鲜艳度（彩度）

调色的相关知识与技巧

调色材料、工具和设备

调色的**材料**就是汽车修补涂料中的色母，**工具和设备**包括调色架、电子秤、色卡资料、颜色登记册、配方光盘或计算机、喷涂样板设备等。条件好的调色间还会配备比色灯箱，改善阴雨天或晚间调色的条件。

容器：盛装色母的容器，有 0.5L、1L、3L、5L 不等。

调色杯

搅拌尺：用于搅拌色母。

调色架：又称调色机、调漆机。打开罐装涂料后，盖上专用的带搅拌桨的盖子，放在调色架上。调色架启动后，在转动装置的作用下，可以均匀地搅拌调色架上的所有色母。调色架应放在平整、坚实的水平地面上。

色母上架前应先用震动机摇动 5 ～ 10min 将其摇匀，并且每次操作前，应搅拌色母 15 ～ 20min。

搅拌桨盖应保持清洁无尘，及时清除桨盖出漆口处的涂料。如果桨盖的出漆口或通风孔关闭不严，溶剂蒸汽会放出，将成为安全隐患。同时防止由于涂料中的溶剂挥发，使色母在使用过程中逐渐浓缩，影响调色的准确性。桨盖出口附着干涸的涂料会影响色母倾倒和滴加的可控性，甚至还会掉进容器内，影响色母的精确性。

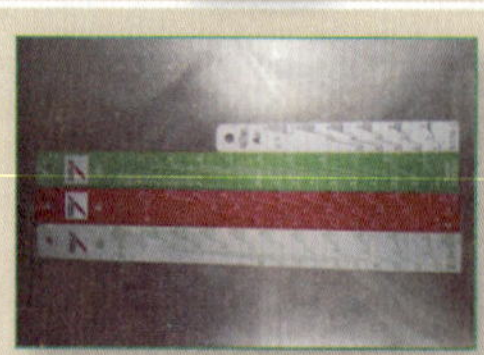
比例尺

调色架

调色天平：作为称量色母的工具，是精密的设备。它应该放置在调色架的附近以方便称量，同时避免在工作中受震动而影响精度。

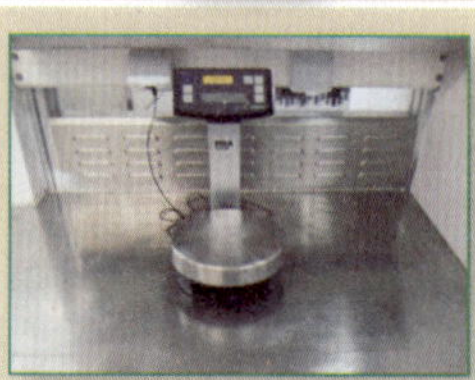
调色天平

调色材料、工具和设备

色卡 / 颜色配方： 所有知名品牌的涂料供应商除了定期为其客户提供国际市场上最新推出的汽车颜色配方外，还会给客户提供这些汽车颜色的色卡。

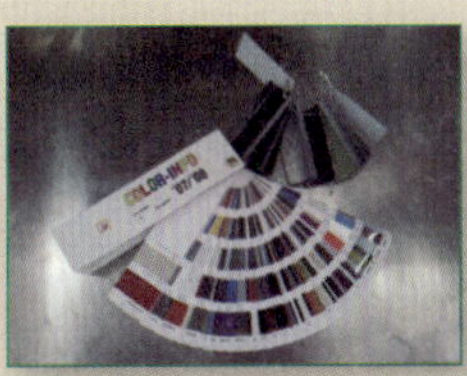
色卡

试验样板： 用于小面积刮涂 / 喷涂色漆。

样板

烘箱： 用于烘烤色板，减少闪干时间。

烘箱

调色灯： 在阴雨天或晚上光线不足的车间内调配颜色时，需要使用调色灯。调色灯的主要作用是提供一个接近日光的光源。

烘箱

色母特性表： 色母特性表是油漆生产厂家对自己所有色母特性详细描述的一张表格。如图 6-20。

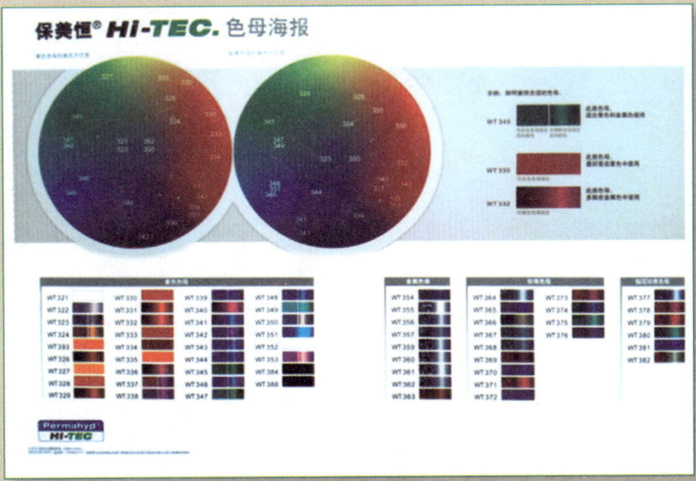

色母特性表

电脑配方查询系统： 电脑配方查询是油漆生产厂家针对自身所有颜色配方给予客户进行全球网络配方查询的一种软件。

素色漆的特点及素色调色技巧

素色漆也称纯色漆或实色漆。与金属漆不同，喷涂的因素对素色漆颜色变化的影响比较小。所以这类颜色比较容易调配。

素色漆一般都使用单工序喷涂工艺，这样既方便快捷，又省时省工。因此，素色漆色要求有高遮盖力、高饱和度，施工后有高的光泽。但由于调色的需要，一套完整的色母系统中还要求有低遮盖力的色母。

素色漆在喷涂后不会出现侧面色调的效果，往往正面颜色调得准确，侧面也不会有差别。此外，施工条件、施工环境对素色漆的影响很小。这些因素都使素色漆较容易调配。

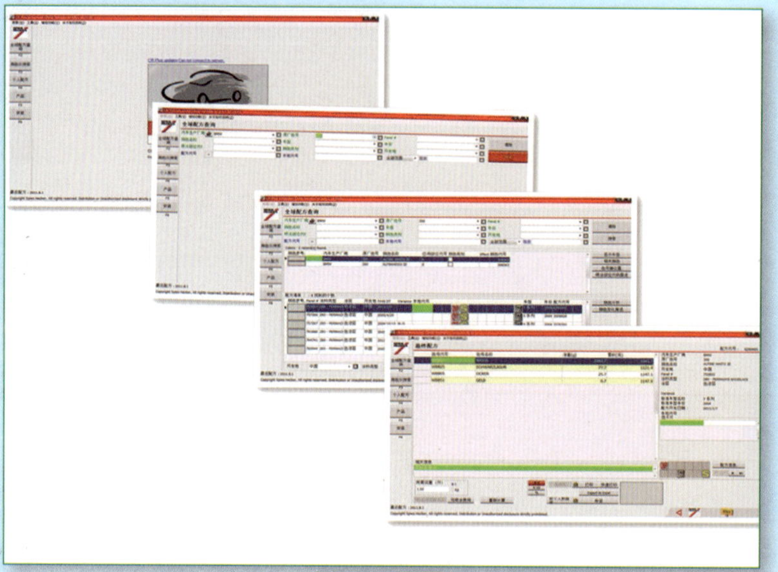

配方查询系统

调配素色漆时应注意以下几点：

色母的"沉降效果"：白色母是最重的一类色母，原因是其颜料的密度大，常产生湿润状态下与干燥后的色板之间明显的色差。如果湿漆中含有一定量的白色漆，在用调漆尺搅拌并用目视来比较色板时，要求湿漆调配得比标准板的颜色浅、淡。这是因为在搅拌时，重的色母来不及沉降，油漆的颜色就比较浅；而喷涂后在流平时间内则发生沉降，轻的色母在表面聚集较多，颜色就要更纯，外观表现的"暗"一点。刚喷涂完的漆面与干燥后的漆面不同，这也是一个主要的原因。干燥后的漆面会显得偏暗一点。

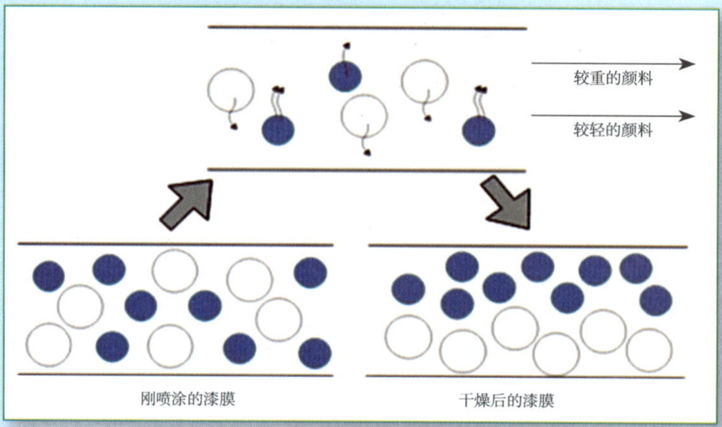

颜料的沉降效果

<table>
<tr><td rowspan="5">素色漆的特点及素色调色技巧</td><td colspan="2">比较颜色时，应该注意以下几个方面：</td></tr>
<tr><td>环境</td><td>光源的种类及亮度：通常，物体的颜色指的是在阳光下看到的颜色，因此配色最好在阳光进行，如果必须在夜晚或雨天进行，那么建议使用配色灯。
背景色：配色要在不受其他颜色影响的地方进行，所以配色房中的墙壁应该涂成中性颜色，如白色或灰色。</td></tr>
<tr><td>物体</td><td>表面条件：进行颜色比较的样板需要具有相同的光泽，且没有脏污，如果车辆的车身钣金件由于粉化或老化而有缺陷时，那么它必须用抛光剂进行抛光，然后才能进行颜色比较。
样板尺寸：如果试验样板太小，那么颜色比较可能很困难，试杆施涂的最小尺寸应该为 100mm × 150mm。
位置：比较的样板最好彼此放得尽可能近，并且试验样板和样板要放在同一平面上。</td></tr>
<tr><td>观察者</td><td>视角：有些涂料在从某个角度观察时是匹配的，但是从另外一个角度观察时则完全不同了。涂料样板最少要从三个不同的角度观察，否则不能作出正确的颜色比较。
视距：视距必须根据比较的物体的情况而变化，在比较大的物体时，要站得离比较小的物体时远。</td></tr>
<tr><td colspan="2">添加所缺量：配色中最重要的一点是鉴定混合物中所缺的颜色，在这个过程中，你的第一个印象最重要，这是因为你用于确定所缺颜色的时间越长，那么你的眼睛就越习惯于样板，从而使判断变得困难。另外，微调颜色时要注意尽量不要使用原配方以外的色母，每次加入量要“宁少勿多”。每次进行调整后都要将色板与样板进行比较。</td></tr>
</table>

第二节 金属漆微调

操作场景

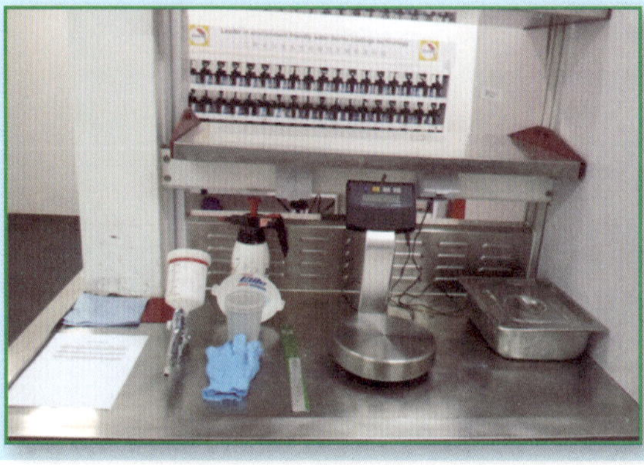

实施步骤

金属漆微调的步骤

步骤、作业内容及技术要求		图解
1. 清洁标准色色板	清洁方法根据样板表面情况而定，如遇失光或污点，则抛光即可；如样板已严重损坏，则不建议再做标准配色板。 温馨提示 具体抛光方法参照第五章。	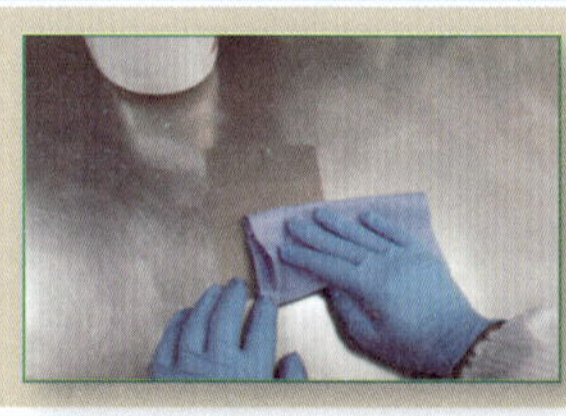
2. 比对标准色板颜色	查找色卡选择相近色。 温馨提示 ① 选择的邻近色尽可能多选择一到两个，预防发生“同色异构”现象。 ② 比对色板时要考虑金属漆的正侧面、金属颗粒大小的颜色效果。	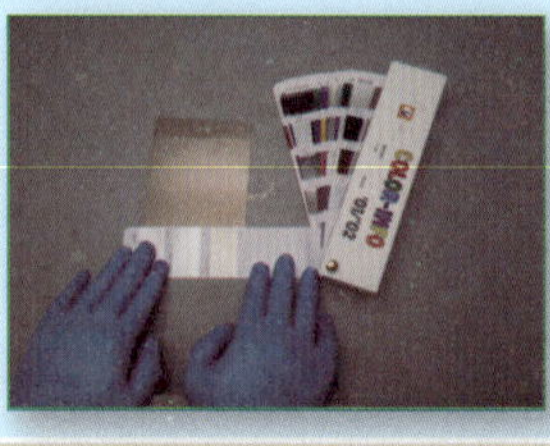
3. 查询配方	根据车身颜色代码或色卡上提供的色号，进行网络配方查询。 温馨提示 选择配方时要选择最新的颜色配方，避免颜色色差较大。	
4. 开启调色架	每次调色前，应搅拌色母 15 ～ 20min。	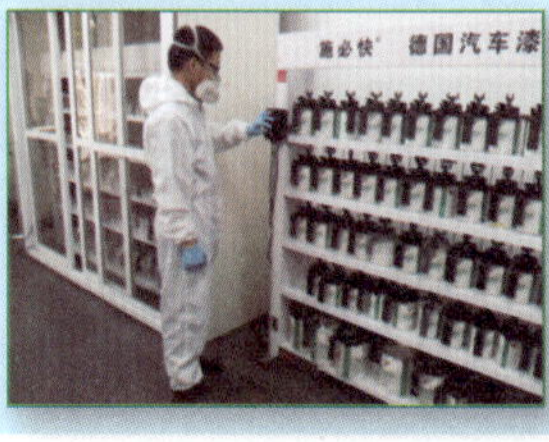

5. 检查色母量	检查调色架上的色母是否足够此次调色及受损板件的喷涂。 温馨提示 检查时，若色母量不足，应及时补充，更换方法应询问部门主管，并且及时进行登记。	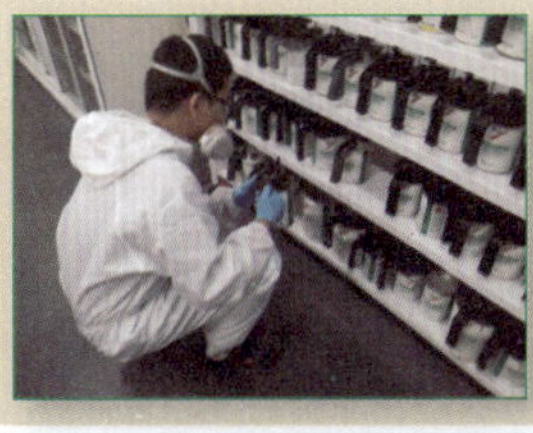
6. 调色设备、工具清洁复位	清洁调色天平及其他调色材料，清零调色秤。 温馨提示 工具的清洁度对称量色母的影响很大，应对每个工具及设备进行擦拭。	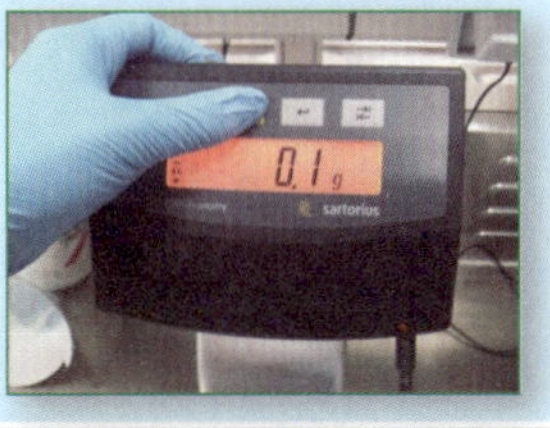
7. 倾倒色母	按照配方倾倒色母。 温馨提示 倾倒色母时，应根据色母需求量小心倾倒，避免倒入过多造成不必要的浪费。	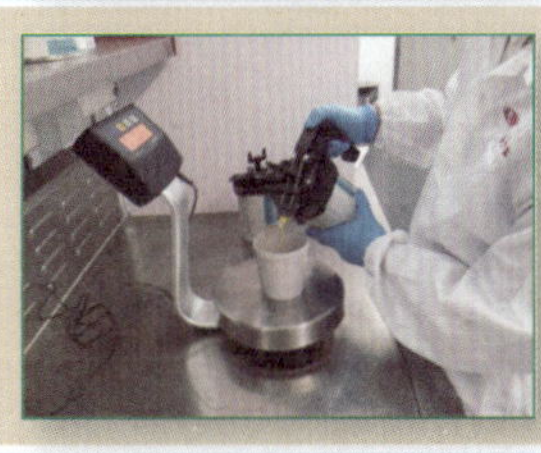
8. 喷涂样板	参照产品说明添加适当的稀释剂，选择 1.3mm 口径喷枪进行色板喷涂。 温馨提示 ① 喷涂样板时，喷涂的手法应与喷涂工件时一致，并且将底材遮盖住。 ② 金属漆必须进行喷涂比色。	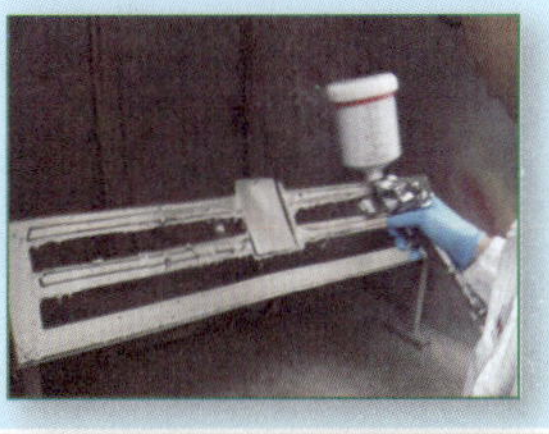
9. 烘烤试板	轻轻将色板放置于烘烤箱进行烘烤干燥。烘烤温度为 65℃左右时，烘烤时间为 20 ～ 30min。 温馨提示 烘烤前色板应进行充分的闪干，若闪干不充分会造成颜色比对不准确。	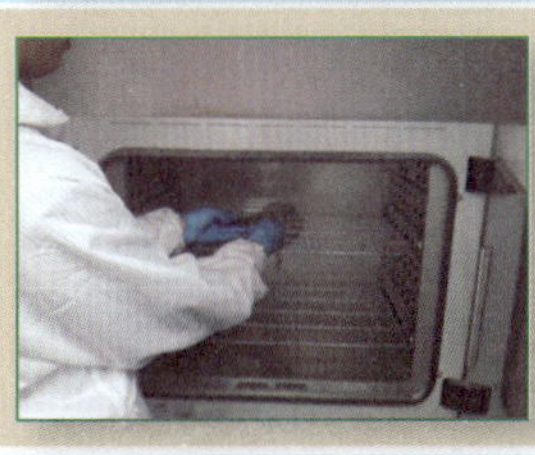
10. 比对颜色	对比颜色时，两块样板的角度应该保持一致。 温馨提示 ① 当拿捏不准颜色时，建议多换几种光线观察。 ② 比对金属漆颜色时，应进行多角度颜色比对，才能保证颜色的准确性。	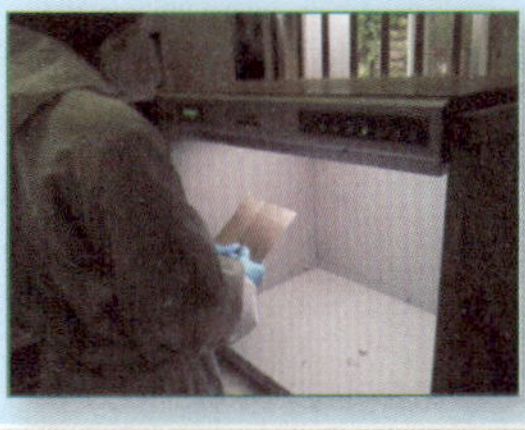
11. 鉴定所缺颜色	当拿捏不准颜色走向的时候，可以借助色母特性表，根据色母特性进行微调 温馨提示 ① 进行微调颜色时避免添加补色，防止彩度降低，没办法时再进行调整。 ② 微调金属漆时，应注意银粉颜料的站立角度，可以借助银粉添加剂进行调节。	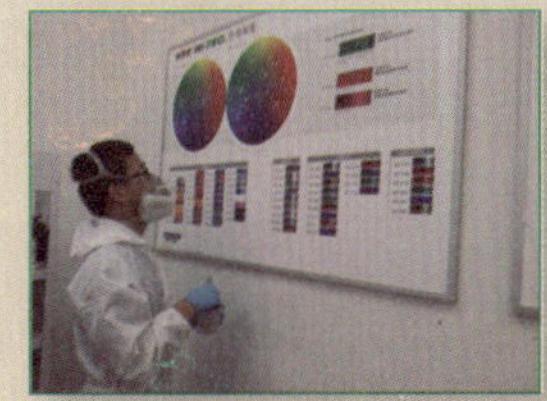

12. 添加所缺量	确定所缺色母后，进行色母添加。 **温馨提示** ① 倾倒色母时，应根据色母需求量小心倾倒，避免倒入过多造成不必要的浪费。 ② 添加色母前，清零调色天平。	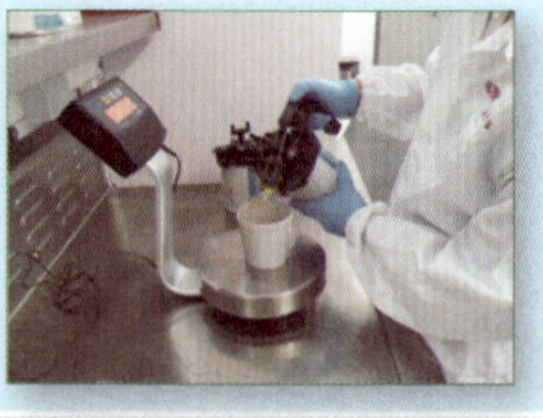
13. 记录配方	将添加的色母记录下来，便于颜色存档。	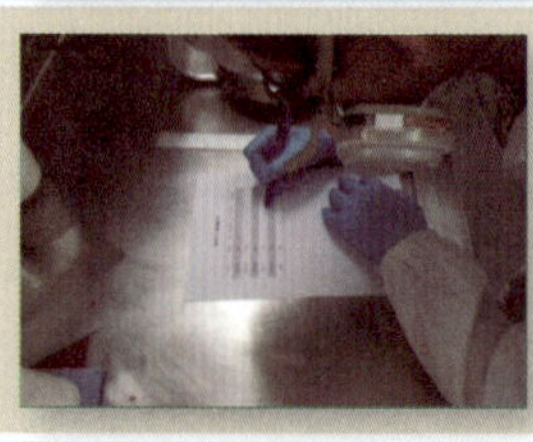
14. 喷涂样板	参照产品说明添加适当的稀释剂，选择 1.3mm 口径喷枪进行色板喷涂。 **温馨提示** ① 喷涂样板时，喷涂的手法应与喷涂工件时一致，并且将底材遮盖住。 ② 金属漆必须进行喷涂比色。	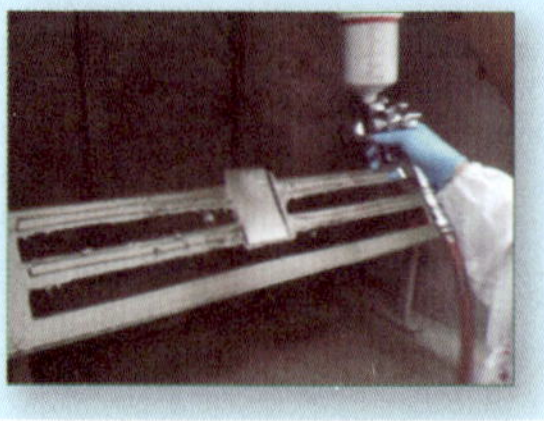
15. 烘烤试板	轻轻将色板放置于烘烤箱进行烘烤干燥。烘烤温度为 65℃左右时，烘烤时间为 20 ～ 30min。 **温馨提示** 烘烤前色板应进行充分的闪干，若闪干不充分会造成颜色比对不准确。	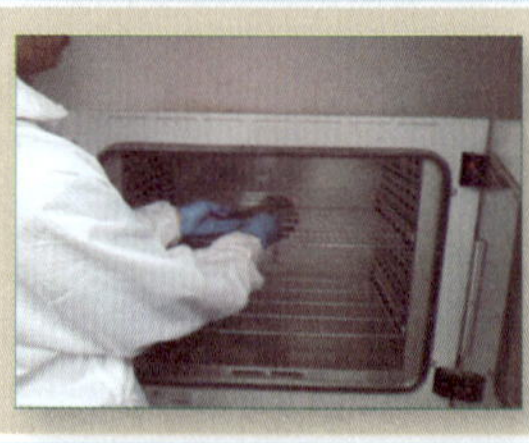
16. 比对颜色	对比颜色时，两块样板的角度应该保持一致。 **温馨提示** ① 当拿捏不准颜色时，建议多换几种光线观察。 ② 比对金属漆颜色时，应进行多角度颜色比对，才能保证颜色的准确性。	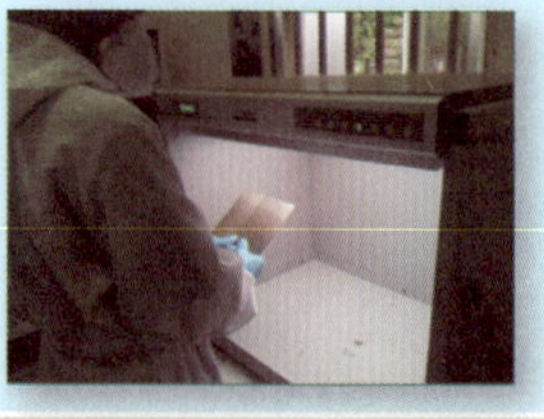
17. 调色完成	测试数据，确保颜色的准确性。 **温馨提示** ① 颜色数据必然会存在一定的差距，确保在人肉眼无法识别范围以内便可。 ② 金属漆的微妙色差可以采用颜色过渡或驳口的技术手法进行喷涂，具体操作参照第七章。	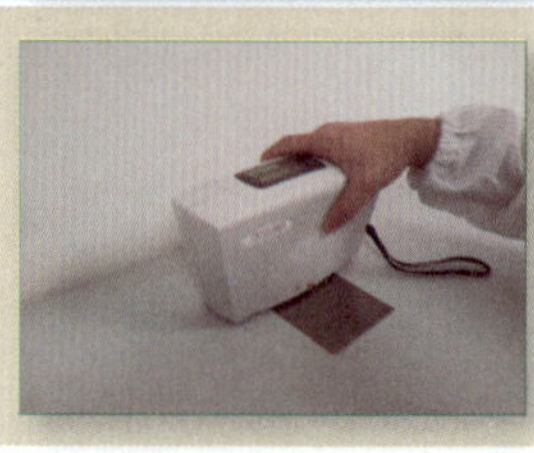
18. 颜色存档	确认颜色后，及时将颜色信息保存。 **温馨提示** 颜色保存信息包括车辆基本信息、颜色名称、颜色编号、配方数据、喷枪型号、喷涂道数和气压、配方日期、制作人姓名。	
19. 调色完成	进行设备及场地 5S 工作。	

知识链接

金属漆和珍珠漆的微调

金属漆微调

金属漆之所以难调准确，主要是因为有侧视色调的需要考虑，再加上金属粉正面反光、侧面透射光的不同，造成金属漆正视、侧视变化复杂。在调配某个颜色时，每个色母都会对这个颜色的正、侧面产生影响，所以在使用每一个色母时都要考虑它所造成的影响。

调整侧视效果的手段主要有以下几种：

（1）改变基调色母之间的比例。基调色母一般成对使用，例如，同是绿色就可以使用一个偏黄和一个偏蓝的色母，当适当改变两者数量时，就能控制正面色调基本保持一致，而侧视色调偏黄或偏蓝。

（2）选用合适的银粉组合。通过改变银粉组合，能让侧视色调变暗或变亮。

（3）使用银粉控色剂。多数品牌的修补漆会提供银粉控色剂来帮助调色。使用控色剂的好处是既能最大保证正面色调不变，又能使银粉侧视色调大幅度变亮。虽然能让银粉颗粒显得略粗，但在使用要求的范围内，这是可以忽略的。

（4）尽量多使用透明色母。在银粉中若大量使用遮盖力强的浓色母会使调出来的漆浑浊。

喷涂技术也会影响银粉漆正侧面的亮度。银粉在湿润的色漆层中会自动排列其角度，但如果喷涂手法不正确或受到环境条件的影响，也会造成银粉排列角度不正确，即产生色差。

正常

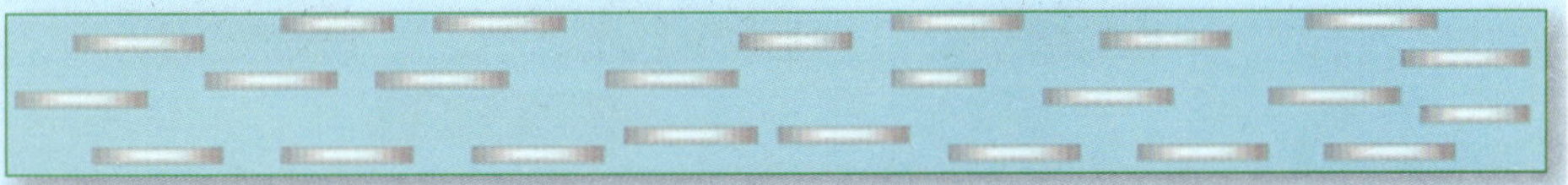

A 图

较湿（颜色较深，色漆漂浮）

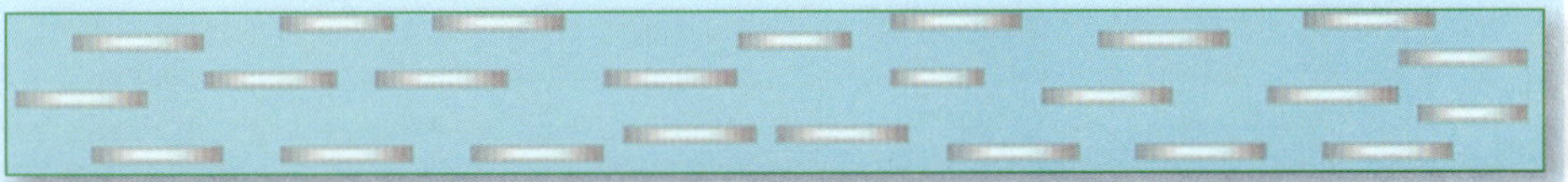

B 图

较干（颜色较淡，较清亮）

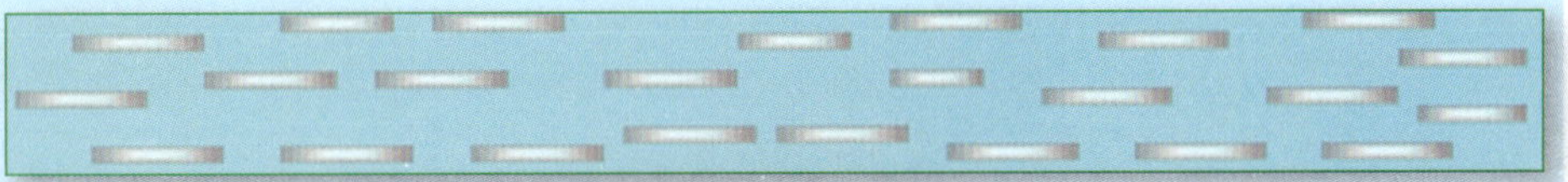

C 图

银粉颜料的排列效果

喷涂手法不正确会出现“起云”的现象，即一块工件上银粉亮暗不均匀。铝粉颗粒对颜色的影响较大。

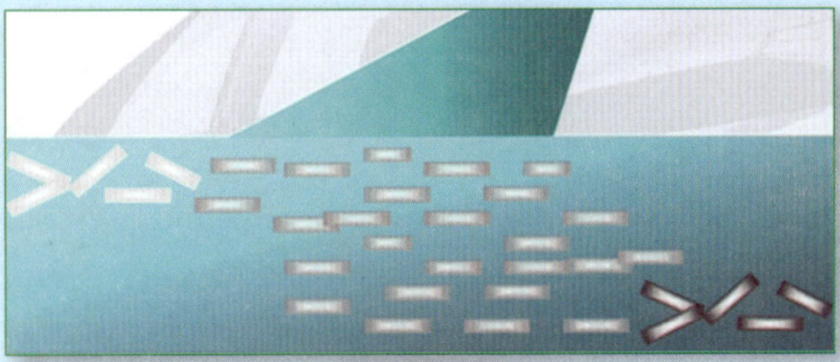

“起云”现象

金属漆微调

由于银粉排列角度造成银粉漆色差的原因：

喷涂类型	涂层 A（直接观察：亮；间接观察：暗）	涂层 B（直接观察：暗；间接观察：亮）
稀释剂用量	多	少
稀释剂种类	快干	慢干
喷涂量	少	多
空气压力	高	低
喷枪距离	远	近
喷涂速度	快	慢
重叠面积	重叠面积小	重叠面积大
枪帽口径	小	大
静置时间	长	短

调配金属漆时应采用多角度观察的方法，一般以 15°、45°、115° 三个角度的比较结果为依据。

观察色板的角度

珍珠漆微调

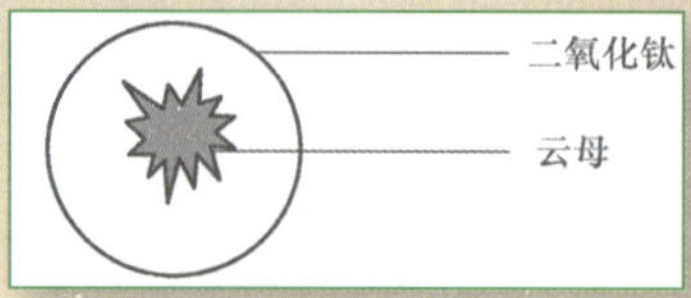

珍珠漆的组成

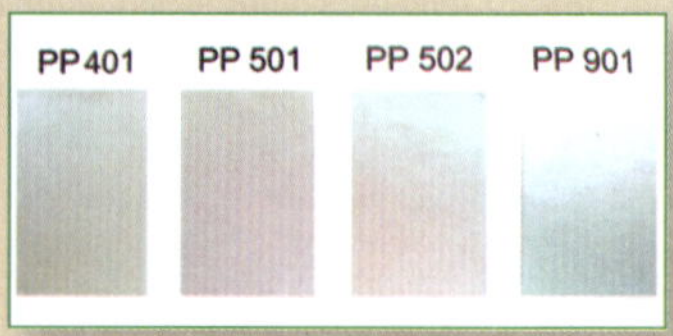

珍珠漆色卡实例

珍珠漆微调技巧：

① 珍珠色母的特性是在直射阳光或类似光源下，变得特别明显，因此对比颜色时，需要直射阳光或类似光源。

② 珍珠云母颜料添加量的多少，对涂料的珍珠感影响很大。因此调色时，计量必须准确，微调时也要小心添加。

③ 由于珍珠云母颜料密度大，会很快沉淀，而且用稀释剂稀释后，这种倾向变得更明显。所以喷涂前，要充分搅拌颜料。若沉在底部就喷涂，则无法得到所需的颜色。

④ 涂膜厚度或干、湿喷涂方式的不同，会使珍珠漆的颜色变化很大。因此，在调色时，喷涂的条件必须与喷车时相同。

⑤ 在珍珠漆的调色中，确立再现性的涂装技巧是很重要的。如果出现不同的颜色，则表示喷涂条件不稳定。如果珍珠漆调色是在这种状况下实施的话，将不可能调出所需颜色。因为无法判断这种颜色不同的情况是由于喷涂条件不同造成的，还是调色方法不同造成的。

依照珍珠层厚度的不同，珍珠漆颜色会变化。这是因为颜色层的颜色是穿透半透明珍珠层而被看见的。而且，在珍珠层内，珍珠云母的颜料的排列也会改变颜色。因此，在修补时，必须调整云母颜料的排列（适当的珍珠漆感），调整喷涂道数（膜厚）以及颜色层的调色。

第七章 ↘ 驳口工艺

随着汽车不断走进我们的日常生活，汽车外表的质量也逐渐成为人们体会生活质量的一个重要组成部分。就像穿衣服，人们没必要苛求自己的衣裳都是名牌，但穿着整洁，便能体现自己的精神面貌。汽车也一样，没必要非得是世界名牌，但外观光亮、整洁、无瑕，也能给人带来舒服的感觉；反之，就是豪华的奔驰、宝马车开在路上，如果到处是“补丁”，也会大失身价。衣服穿在身上，就会脏、会皱、会损伤，就需要洗、需要烫、需要“修补”。对于汽车而言，它面对的自然环境可能会更多变、更恶劣，雨雪风霜、烈日、尘土、各种污染和磕磕碰碰是不可避免的，那么，就经需要保养、需要修补，甚至重新喷涂油漆，这时就会使用到驳口工艺。

第一节　损伤评估

使用工具与设备

使用工具

实施场景

实施步骤

损伤评估步骤		
步骤、作业内容及技术要求		图　解
1. 清洁车身	用洗车机将车辆彻底清洗，并使用洗车毛巾将水迹擦拭干净，其目的是洗掉水溶性污染物，以方便评估损伤。 温馨提示 操作人员身上不要佩戴锋利、坚硬的饰品，以免损伤漆面、汽车内饰等易伤物品；洗车毛巾使用前应检查是否干净，是否有异物。	
2. 对氧化的漆膜进行抛光处理	为准确判断漆面颜色，一般利用抛光蜡对氧化的漆膜进行抛光处理，去除氧化层。 温馨提示 具体抛光方法见第五章内容。	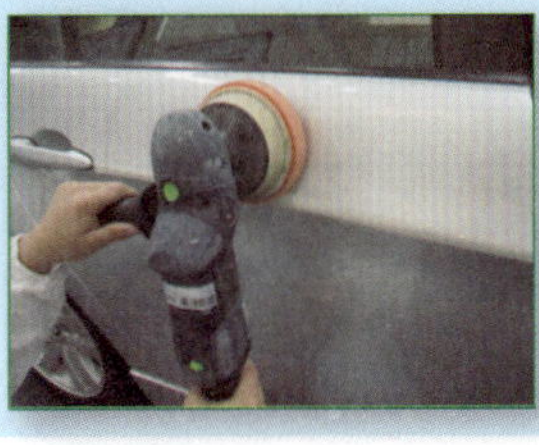

3. 评估损伤情况	检查损伤位置，检查损伤变形量，检查损伤面积，检查损伤件数。 温馨提示 按照以上四个方面进行全面评估，并做好记录。具体评估方法见第四章内容。	
4. 评估车身颜色	检查颜色是否难调，检查是否可以做过渡，检查损伤部位的颜色和相邻板件是否有明显的色差。 温馨提示 一般深颜色比较容易调，浅颜色较难调，且浅颜色喷涂不容易发现接口。观察颜色时要从多个角度仔细观察。	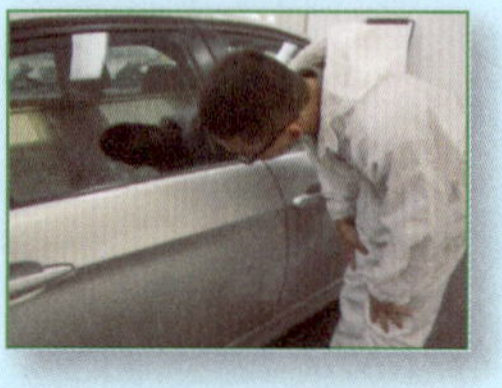
5. 评估涂层状况	检查面漆类型，检查油漆种类，检查漆膜厚度，检查漆面是否有开裂、剥落、老化等状况。 温馨提示 具体检查方法见第四章。	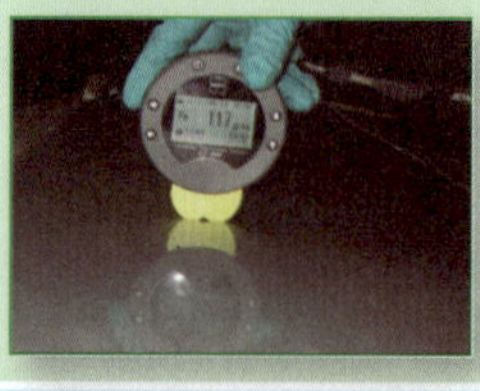
6. 制定修复计划	根据以上的评估，确认损伤范围，并制定出修复方案。	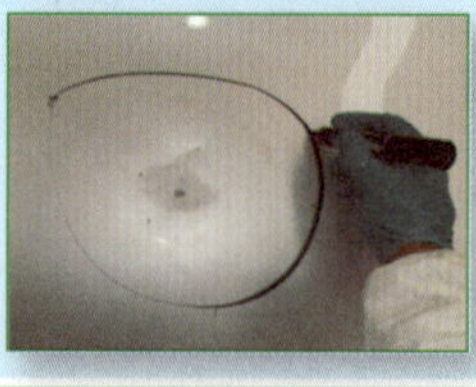
7. 任务完成	进行工具和场地的 5S 整理工作。	

知识链接

汽车的局部修补，是通过驳口技术达到完美无痕，艺术性地再现汽车的外观原貌。如果我们将此称为“完美修补”的话，那么得先给“完美修补”的说法下一个定义。从严格意义上说，既然已经修补过了，就不可能称为完美。所以，我们说的“完美修补”，是指在必须修补的情况下，达到一种最好的表面状态，就是几乎看不见修补痕迹，也可以称为“无痕修补”。显然，无痕修补来自两个方面的努力，即调色的准确性和喷涂的正确性。

谈到准确调色，也许有个观念应澄清，就是颜色的可调性和可喷性。事实上，涂料的颜色（金属漆和珍珠漆）受到其中银粉和珍珠排列的影响，而喷涂时采用的手法、气压、距离等因素，均影响到涂层厚度和均匀程度，从而对银粉和珍珠排列产生影响，最终影响到涂膜的颜色。所以说，准确的颜色和恰当的喷涂共同决定了漆膜的颜色。

如果颜色调配有明显的色差，那么无论在喷涂时手法、气压、距离如何，都不可能有准确的漆膜颜色和修补效果；而如果喷涂的手法、气压、距离等因素有了明显错误，则再准确的调色也不能保证得到理想的效果。

所谓与调色的配合，就是通过控制气压、距离、手法等人为因素，达到一个准确的涂膜颜色，实际上是尽量减少色差的程度，这就是本项目要谈的“驳口技术”。这里强调“驳口”技术，就是通过驳口将事实上存在的色差，减少到肉眼几乎看不到的程度。

在驳口技术中，一般分为三步进行修补。一是对车辆进行损伤评估，判断车辆的损伤情况，记录损伤的部位、损伤程度，判断颜色是否难调；二是根据损伤评估的结果选择合适的驳口工艺，不同损伤部位、程度和颜色所采用的驳口工艺不同；三是根据选择的驳口工艺对损伤部位进行修补作业。

车辆入厂评估通常要从损伤情况、车辆颜色和涂层状况三个方面进行全方位评估，这样既可以保证维修质量、维修时间，也可以防止评估不全面、不仔细，导致客户与公司产生纠纷。

损伤情况	◆ 检查损伤位置 ◆ 检查损伤变形量 ◆ 检查损伤面积 ◆ 检查损伤件数	
颜色	◆ 检查颜色是否难调 ◆ 检查是否可以做颜色过渡工艺 ◆ 检查损伤部位的颜色和相邻板件是否有明显色差	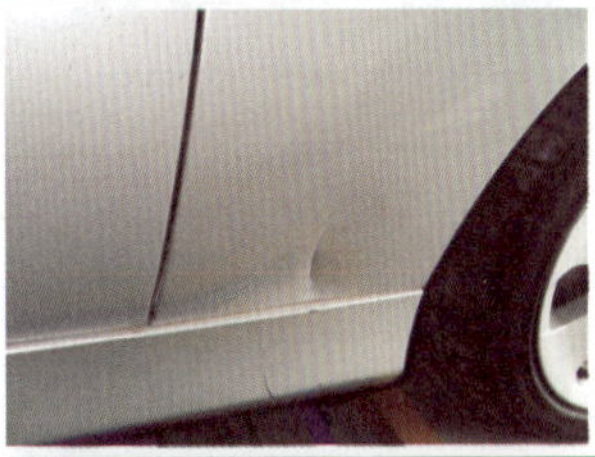
涂层状况	◆ 检查面漆类型 ◆ 检查油漆种类 ◆ 检查漆膜厚度 ◆ 检查漆面是否有开裂、剥落、老化等涂层状况	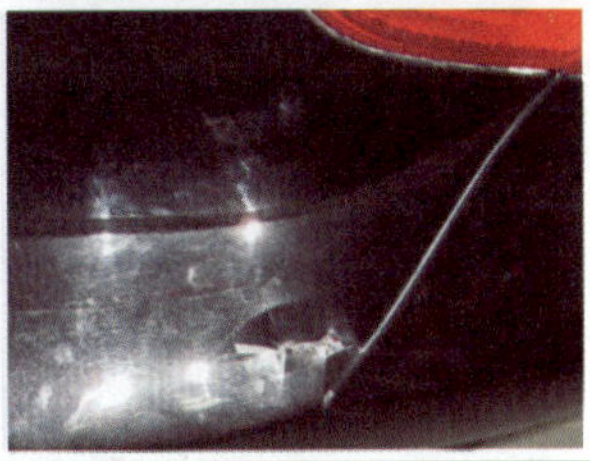

损伤情况

仔细检查车辆，找出损伤部位，并检查不需要维修的部位是否有其他损伤，以减少不必要的纠纷。检查时通常应先清洁车辆，洗掉车身上的泥污，在光线较好的地方绕车仔细查看，以确定损伤位置、损伤处变形量、损伤面积及损伤件数。损伤部位、损伤程度不同，所采用的维修方法也不同。

不同损伤部位采用的维修方法

颜色	修补金属漆时，要使修补处与原漆膜颜色 100% 一样几乎是不可能的事。因为喷涂过程中很多的人为因素和环境因素都会影响油漆中颗粒的排列，从而导致在不同角度下出现明显的颜色差异。对车辆进行损伤评估时要检查车身颜色，判断颜色是否难调、是否适合做过渡以及损伤部位的颜色和相邻板件是否有色差，都是非常有必要的。 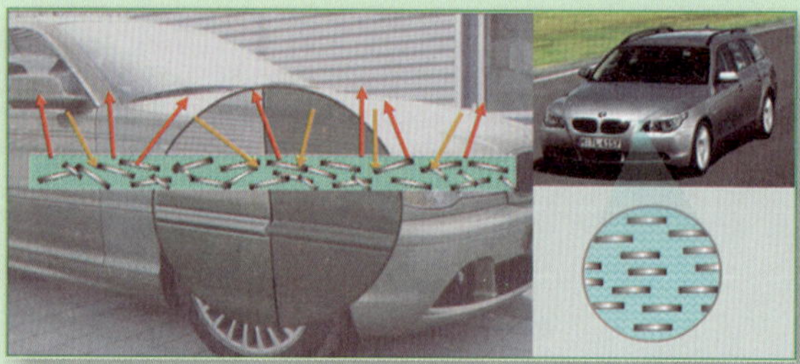 颜色色差判断
涂层状况	**涂层状况鉴别**主要是为后续修补所选择的工艺、涂料以及维修方法做铺垫。涂层状况鉴别主要是鉴别涂膜是否使用了单工序涂料，鉴别旧的涂料是否使用了单组分涂料，检查漆面是否有开裂和剥落、老化等涂装缺陷，检查漆膜厚度以判断是否可以进行再次维修。  底材锈蚀 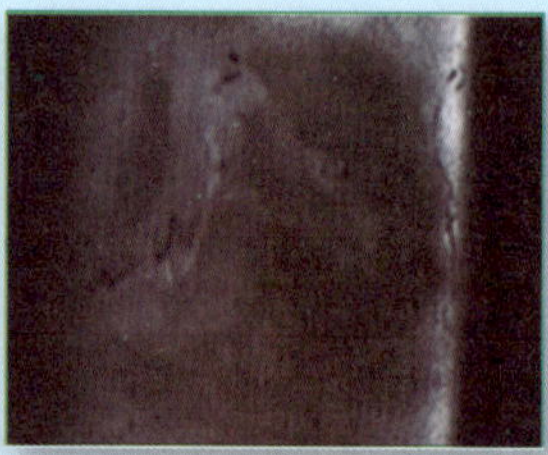 塑料开裂 / 变形 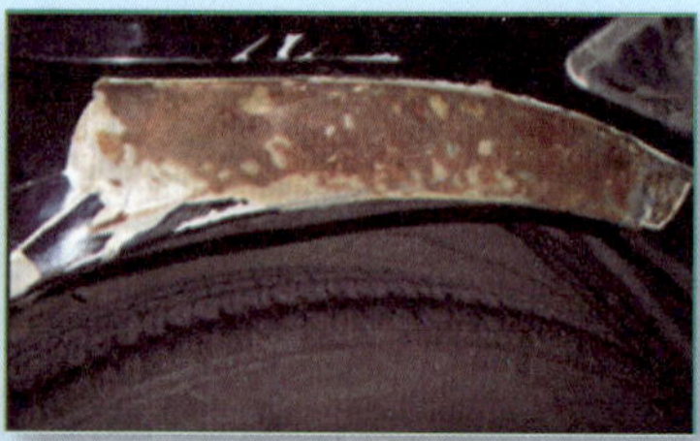 底层腻子太厚  漆膜硬度不够  涂层龟裂 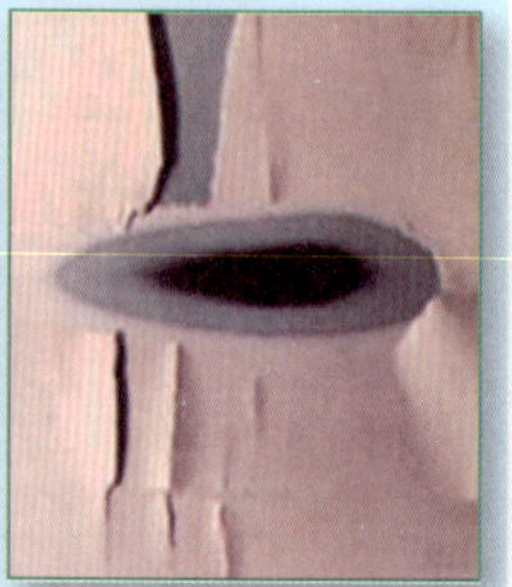 漆膜脱落

第二节　驳口施工

使用工具与设备

表 7–4

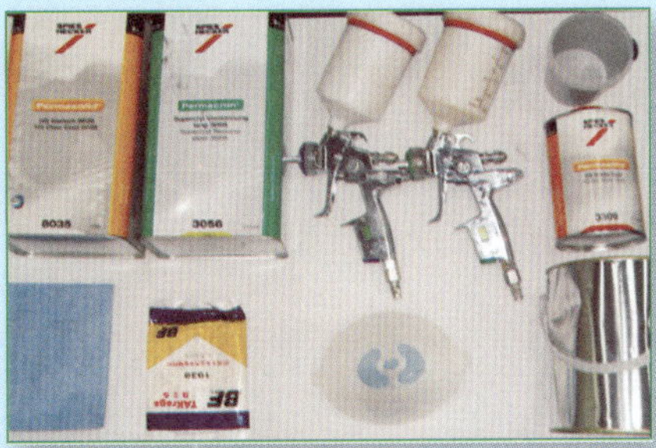 使用工具	 实施场景

实施步骤

驳口施工的步骤

步骤、作业内容及技术要求		图　解
1. 鉴别、清洁、遮蔽	鉴定涂料类型，使用清洁剂清洁，用除蜡剂处理修补区域，遮蔽不需要修补的区域。 温馨提示 在此使用的是杜邦施必快油漆系列 7010 清洁剂。	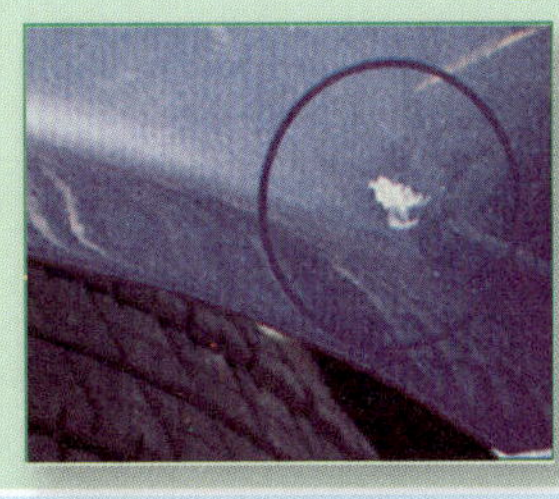
2. 研磨损伤区	使用双向式打磨机配合 P180 ～ P240 号干磨砂纸打磨需修补的区域。 温馨提示 打磨时尽量在只需要修补的区域内进行打磨，控制最小的打磨区域。	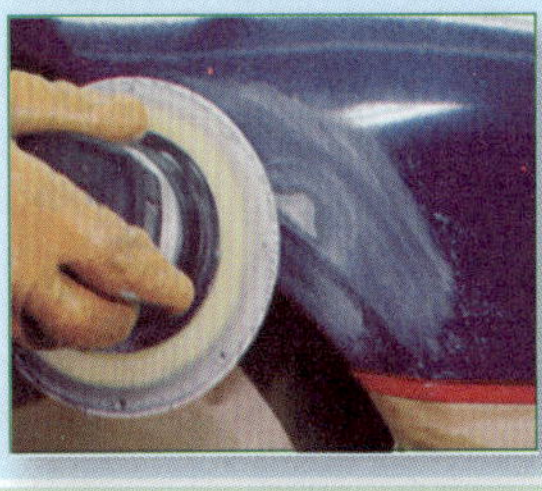
3. 打磨羽状边	使用双向式打磨机配合 P400 ～ P500 号干磨砂纸打磨羽状边缘位置。 温馨提示 在保证平顺的前提下尽可能将羽状边控制在较小的范围内。	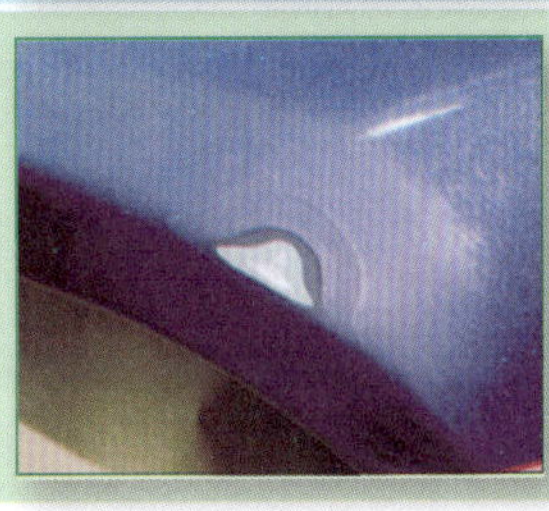

4. 清洁	使用吹尘枪和除硅清洁剂，清除车身的灰尘和油渍。 温馨提示 使用清洁剂清洁时，注意不要对着人喷洒。	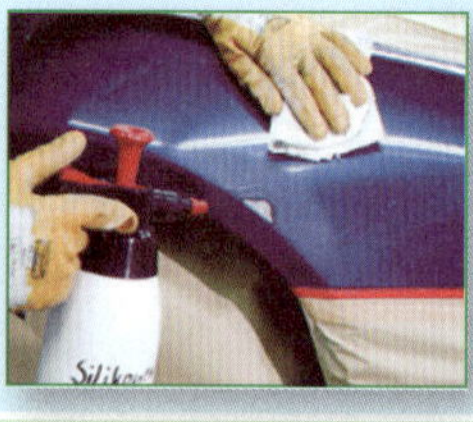
5. 喷涂中间漆	在损伤部位喷涂中间漆，中间漆的喷涂范围在 P500 砂纸范围内即可，喷涂完成后烤干。 温馨提示 本次使用的是杜邦施必快 HS 中涂漆 8590，湿对湿工序：2:（1+20%）的比例添加硬化剂，喷涂 1.5 层。打磨工序：2:（1+5% ～ 10%）比例添加硬化剂和稀释剂，喷涂 2 层。	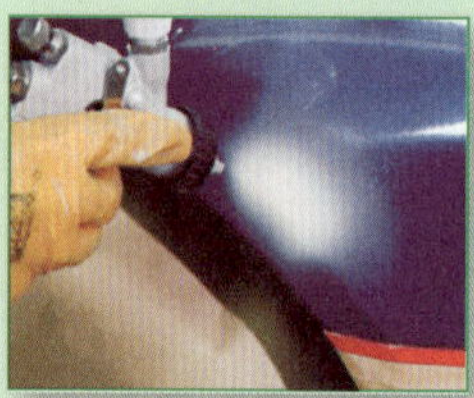
6. 打磨中间漆	使用 P400 ～ P500 号干磨砂纸或 P800 ～ P1200 水磨砂纸打磨中间漆位置。 温馨提示 研磨时切勿将漆面磨穿。	
7. 打磨驳口位置	用 P1500 ～ P2000 水磨砂纸或灰色打磨布配合磨砂剂打磨需喷涂的驳口位置。 温馨提示 驳口位置要求研磨的痕迹细腻、能被色漆轻易遮盖，故在研磨时一定要仔细。	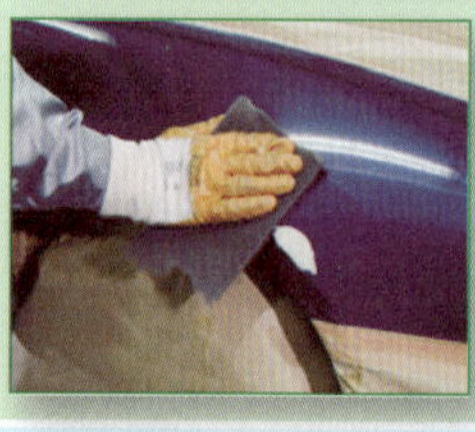
8. 清洁、除尘	使用吹尘枪和除硅清洁剂，清除车身的灰尘和油渍。 温馨提示 使用清洁剂清洁时，注意不要对着人喷洒。	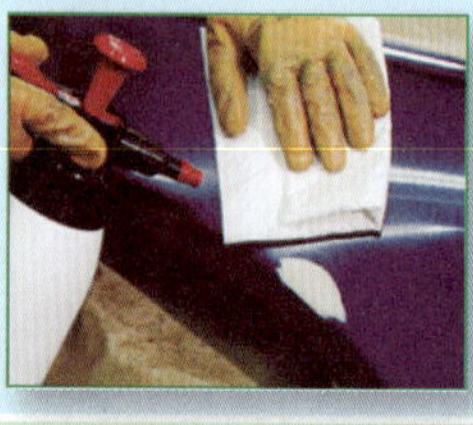
9. 喷涂底色漆	按比例添加专用稀释剂，喷涂第一、二层先将受损区域完全覆盖。 用同黏度但不同气压 (2 ～ 3 bar) 去做渐变，以得到平滑的渐变效果。 温馨提示 杜邦施必快 293/295 系列色漆按比例（1:0.65）添加专用稀释剂。	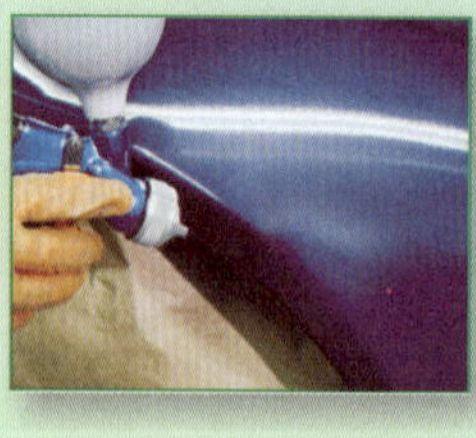
10. 喷涂清漆	混合清漆，调试喷枪，先将喷涂色漆的区域完全覆盖。 温馨提示 杜邦施必快 8035 清漆按比例 2:1 添加 3310 稀释剂。	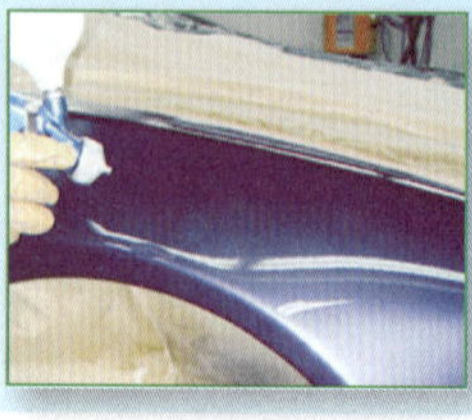

11. 喷涂驳口水	将喷剩下的清漆混合驳口稀释剂，在清漆层与驳口处做渐变，然后清空喷枪注入驳口稀释剂，扩大驳口渐变位置。 **温馨提示** 杜邦施必快清漆按比例 1:1 混合驳口稀释剂 1036。	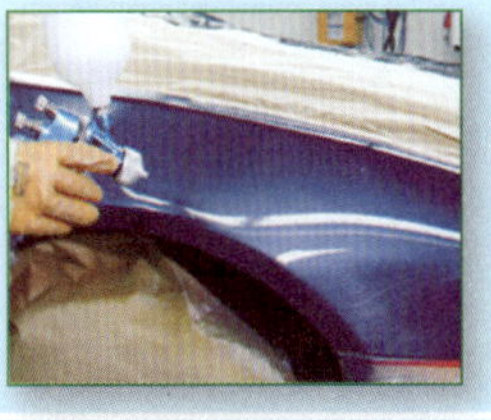
12. 清漆干燥	烤房烘烤：60℃（金属表面温度），30min；红外线烤灯烘烤：15min，距离根据烤灯功率调节。 **温馨提示** 如果是热空气加热型烤房，最好能将烘烤温度定在 65 ～ 70℃。	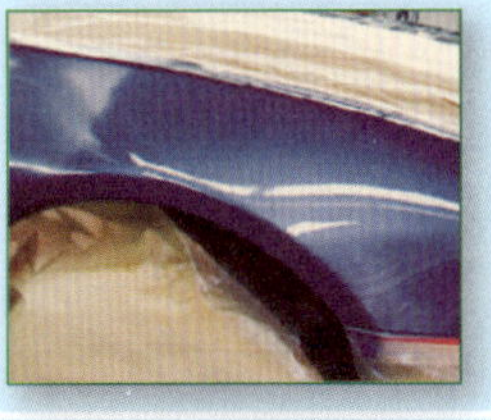
13. 打蜡抛光	如有需要，可使用 P2000 号砂纸轻磨驳口位置，并使用抛光剂进行抛光处理。 **温馨提示** 抛光时，应从新漆面向旧漆面抛光。	
14. 任务完成	进行工具和场地的 5S 整理工作。	

知识链接

驳口的种类

根据损伤位置、面积、损伤程度的不同，驳口可分为块驳口、点驳口及复合驳口	**块驳口**是指损伤在车身板件的中间部位，只需喷涂该块就可以修复。一般情况下，块驳口只需小面积喷涂底色漆、清漆系统做板块修补就可以了，通常也不必喷涂到相邻的车身板块。	
	点驳口是指损伤在车身板件角落不明显的部位，只需喷涂该点就可以修复。一般情况下，适合做点驳口的部位多数在汽车 C 区域内，且只需小面积喷涂底色漆、清漆系统做板块修补就可以了，通常也不必喷涂到相邻的车身板块。	
	复合驳口是指损伤在车身的 A 板件上且靠近 B 板件的部位，需要将颜色过渡到 B 板件上才可以修复。一般情况下，复合驳口需要将临近损伤板件一起喷涂，保证修复的板件颜色没有色差。	

三种驳口的施工工艺

块驳口	1. 清洁	对损伤区域进行清洁。采用宝马认证的清洁剂对损伤部位进行彻底清洁，保证施工维修部位不受油污、灰尘的污染，为下面的工序做准备。	 需修补区

块驳口	2. 底材处理	根据需要对修补部位进行原子灰填充，在填充原子灰时注意控制原子灰的刮涂范围，按照原子灰施工工艺对原子灰进行研磨。原子灰作业完成后进行中涂底漆施工，在中涂底漆施工时要注意控制中涂底漆的喷涂面积。研磨中涂底漆时，先使用 P400 砂纸配合 3mm 研磨机对中涂漆研磨至无光泽，在研磨时要保证研磨彻底，不磨穿，无漏磨。然后使用 P1500 ～ P2000 铂金砂网配合 3mm 研磨机对需要色漆过渡的区域进行研磨，在研磨时要保证不磨穿，研磨的区域内无光泽。此步骤完成后使用 P3000 铂金砂网配合 3mm 研磨机对需要喷涂清漆的部位进行研磨，研磨时要保证不磨穿，无光泽。	
	3. 色漆施工	在预先打磨好的区域内喷涂色漆。在喷涂色漆时要注意调整喷枪参数、控制色漆施工范围，尽可能将色漆形状喷成椭圆或菱形，使颜色过渡更自然，更不容易被发现颜色接口。	 需修补区
	4. 清漆施工	第一道清漆的喷涂范围应根据色漆的范围进行控制，也就是说色漆喷到哪里，第一道清漆就应该覆盖到哪里，要保证色漆完全被第一道清漆覆盖住。	 第一道清漆喷涂
		第二道清漆将整个研磨区进行覆盖，达到饱满、光亮的漆膜效果。	 第二道清漆喷涂
点驳口	1. 清洁	对损伤区域进行清洁。采用宝马认证的清洁剂对损伤部位进行彻底清洁，保证施工维修部位不受油污、灰尘的污染，为下面的工序做准备。	
	2. 底材处理	根据需要对修补部位进行原子灰填充，在填充原子灰时注意控制原子灰的刮涂范围，按照原子灰施工工艺对原子灰进行研磨。原子灰作业完成后进行中涂底漆施工，在中涂底漆施工时要注意控制中涂底漆的喷涂面积。研磨中涂底漆时先使用 P400 砂纸配合 3mm 研磨机对中涂漆研磨至无光泽，在研磨时要保证研磨彻底，不磨穿，无漏磨。然后使用 P1500 ～ P2000 铂金砂网配合 3mm 研磨机对需要色漆过渡的区域进行研磨，在研磨时要保证不磨穿，研磨的区域内无光泽。此步骤完成后使用 P3000 铂金砂网配合 3mm 研磨机对需要喷涂清漆的部位进行研磨，研磨时要保证不磨穿，无光泽。	 需修补区
	3. 色漆施工	在预先打磨好的区域内喷涂色漆。在喷涂色漆时要注意调整喷枪参数，控制色漆施工范围，尽可能将色漆形状喷成椭圆或菱形，使颜色过渡更自然，更不容易被发现颜色接口。	 晕色区

<table>
<tr><td rowspan="4">点驳口</td><td>4. 清漆施工</td><td>第一道清漆的喷涂范围应根据色漆的范围进行控制，也就是说色漆喷到哪里，第一道清漆就应该覆盖到哪里，要保证色漆完全被第一道清漆覆盖住。第二道清漆喷涂在 P3000 砂纸研磨的区域内，在与旧漆膜接口处喷涂驳口剂，以达到平顺、光滑过渡的效果。</td><td>

清漆喷涂</td></tr>
<tr><td>5. 抛光处理</td><td>在烘烤结束后要进行抛光处理。抛光需要注意的是从新漆面向旧漆面抛光，避免抛光时产生台阶及明显接口。</td><td>

抛光处理</td></tr>
<tr><td>6. 接口处理</td><td colspan="2">修补类似类型的汽车，喷涂油漆通常需要延续较大的车身面积，为了避免进行更大面积的喷涂，可进行底色漆与清漆的驳口喷涂，接驳口的位置通常在车身较窄的部位。对于接口的喷涂，通常可利用驳口水进行接口喷涂。
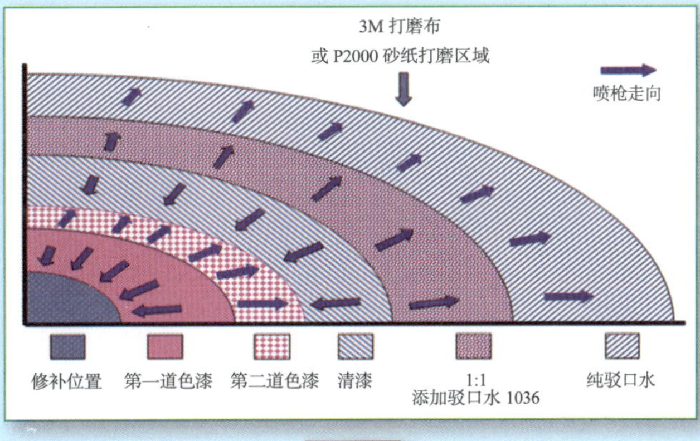

接口处理</td></tr>
<tr><td colspan="3">在喷涂第二道清漆结束后，喷枪内剩余的清漆按照一定比例混合驳口水（此处以施必快 1036 驳口水为例，按照 1:1 比例添加），对接口处进行喷涂，然后倒掉喷枪里的涂料，加注纯净的驳口水对接口和旧漆处进行喷涂，完成驳口的处理工作。</td></tr>
<tr><td rowspan="2">复合驳口</td><td>1. 清洁</td><td>对损伤区域进行清洁。采用宝马认证的清洁剂对损伤部位进行彻底清洁，保证施工维修部位不受油污、灰尘的污染，为下面的工序做准备。</td><td>

需修补区</td></tr>
<tr><td>2. 底材处理</td><td colspan="2">根据需要对修补部位进行原子灰填充，在填充原子灰时，注意控制原子灰的刮涂范围，按照原子灰施工工艺对原子灰进行研磨。原子灰作业完成后，应进行中涂底漆施工，在中涂底漆施工时要注意控制中涂底漆的喷涂面积。研磨中涂底漆时，先使用 P400 砂纸配合 3mm 研磨机将中涂漆研磨至无光泽。在研磨时要保证研磨彻底，不磨穿，无漏磨。然后使用 P1500 ～ P2000 铂金砂网配合 3mm 研磨机对需要色漆过渡的区域进行研磨，在研磨时要保证不磨穿，研磨的区域内无光泽。此步骤完成后使用 P3000 铂金砂网配合 3mm 研磨机对需要喷涂清漆的部位进行研磨，研磨时要保证不磨穿，无光泽。</td></tr>
</table>

复合驳口	3. 色漆施工	在预先打磨好的区域内喷涂色漆。在喷涂色漆时要注意调整喷枪参数、控制色漆施工范围，尽可能将色漆喷成椭圆或菱形，使颜色过渡更自然，更不容易被发现颜色接口。	 晕色区
	4. 清漆施工	第一道清漆的喷涂范围应根据色漆的范围进行控制，也就是说色漆喷到哪里，第一道清漆就应该覆盖到哪里，要保证色漆完全被第一道清漆覆盖住。	 第一道清漆喷区
		第二道清漆将整个研磨区进行覆盖，达到饱满、光亮的漆膜效果。	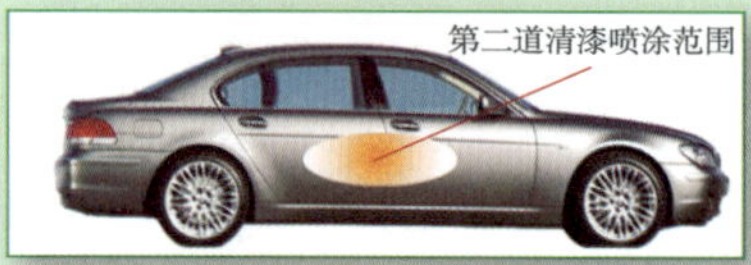 第二道清漆喷涂区